Exprime

Facebook

E. A. Vander Veer

TÍTULO DE LA OBRA ORIGINAL:
FaceBook The Missing Manual

RESPONSABLE EDITORIAL:
Víctor Manuel Ruiz Calderón
Alicia Cózar Concejil

TRADUCTOR:
Oliver Carreira

REALIZACIÓN DE CUBIERTA:
Cecilia Poza Melero

ILUSTRACIÓN DE CUBIERTA:
Pattodis diseño e imagen S.L.U.

Authorized translation from English language edition published by O´Reilly Media, Inc.
Copyright © 2008
All rights reserved.

Edición española:
© EDICIONES ANAYA MULTIMEDIA (GRUPO ANAYA, S.A.), 2009
Juan Ignacio Luca de Tena, 15. 28027 Madrid
Depósito legal: M. 296-2009
ISBN: 978-84-415-2463-7
Printed in Spain
Impreso en: Gráficas Muriel, S.A.

Agradecimientos

Muchísimas gracias al equipo editorial (sois insuperables). Mis agradecimientos en especial a Pete Meyers por sugerirme este libro, y por supervisar todo el proceso con sabiduría y gracia. La corrección de primera de Dawn Frausto dio brillo al manuscrito, y los asesores especializados Mark Levitt, Matt Roberts y Tina Spargo comprobaron por triplicado la exactitud y la difusión de la obra (lo que es toda una proeza cuando escribes sobre una página Web tan conocida, que incluye novedades tan rápido como Hollywood estrena películas). Un equipo tan ágil e inteligente como éste es el sueño de todo escritor.

Sobre el autor

E. A. Vander Veer comenzó en las trincheras del software lexicalizando, compilando y redactando los mejores *scripts* en la línea de comando. Ha permanecido ocupada y feliz a lo largo de los años elaborando programas con C++ y arrancando información a bases de datos rebeldes. Tras un período como evangelista de la Programación Orientada a Objetos (aunque no lo parezca, es una profesión de verdad), encontró una forma de unir todas sus pasiones: escribir sobre ordenadores de forma que cualquier persona pudiera entenderlo. En los libros que ha escrito (hasta ahora más de una docena) abarca muy diversos temas, PowerPoint, Excel, JavaScript o XML, así como el magnífico libro sobre Facebook que tiene entre sus manos. En la actualidad vive en Texas con su marido y su hija. Email: emilyamoore@rgv.rr.com.

Sobre el equipo creativo

Dawn Frausto (editora) es subeditora de la serie Manuales Imprescindibles. Cuando no está trabajando, a ella le gusta escalar, jugar al billar y causar problemas. Email: dawn@oreilly.com.

Peter Meyers (editor) es el director editorial de la serie de O'Reilly Media Manuales Imprescindibles. Vive con su esposa, su hija y sus gatos en Nueva York. Email: peter.meyers@gmail.com.

Nellie McKesson (directora del departamento de producción) es licenciada por el St. John's College de Santa Fe, Nuevo México. En la actualidad vive en Cambridge, Massachussets, donde sus lugares favoritos para comer son Punjabi Dhaba y Tacos Lupita. Email: nellie@oreilly.com.

Keith McNamara (revisor de estilo) es un antiguo marine y licenciado por la Universidad de Connecticut. En la actualidad trabaja para O'Reilly desempeñando varias funciones, entre las que se encuentra la elaboración de la serie Manuales Imprescindibles. Email: keithmc@orreilly.com.

Jill Steinberg (correctora) es un escritora y editora autónoma residente en Seattle, y ha elaborado contenidos para O'Reilly, Intel, Microsoft y para la Universidad de Washington. Jill ha estudiado en la Universidad de Brandeis, en el Williams College y en la Universidad de Standford. Email: saysjill@mac.com.

Mark J. Levitt (asesor especializado) es el encargado de organizar congresos *on-line* en O'Reilly Media. Es un entusiasta de Facebook, y en general, de las redes sociales. Su formación incluye Informática, Periodismo interactivo y desarrollo Web. Se le conoce por estar comiendo cereales todo el día. Email: mark@levittation.com.

Matthew Roberts (asesor especializado) es ingeniero de departamento de informática de O'Reilly Media. Su tiempo libre está repartido de forma poco uniforme entre crear y consumir arte. Email: matt@oreilly.com.

Tina Spargo (asesora especializada), su marido (y músico profesional) Ed, su hijo pequeño Max y sus dos Spaniels, Parker y Piper, comparten tiempo y espacio en su casa de los suburbios de Boston. Tina hace malabarismos para ser ama de casa y para promover y comercializar los proyectos musicales de Ed, al mismo tiempo que trabaja como asistente virtual. Tina tiene más de 15 años de experiencia apoyando a ejecutivos de alto nivel en una gran variedad de sectores empresariales. Página Web: www.tinaspargo.com.

Índice de contenidos

Agradecimientos 3
Sobre el autor 3
Sobre el equipo creativo...4

INTRODUCCIÓN

Introducción **11**
Cómo funciona Facebook 12
Qué se puede hacer con Facebook 13
    Actividades sociales...14
    Aplicaciones profesionales de Facebook..............................14
Sobre este libro...15

CAPÍTULO 1

Registrarse en Facebook...**17**
Crear una cuenta 18
Crear su perfil...21
    Ver su perfil...22
    Incluir información básica..23
    Añadir información de contacto 25
    Añadir información personal..26

Añadir información académica y profesional 27
    Añadir imágenes a su perfil..29
Ver su página de inicio en Facebook....................................31
Modificar la información de su cuenta...................................32

CAPÍTULO 2

Unirse a una red...**35**
Cómo funciona una red 36
Ver de qué redes forma parte 37
Unirse a una red..37

CAPÍTULO 3

Buscar y añadir amigos...**41**
Amigos en Facebook...42
Encontrar amigos...44
    Encontrar personas miembros de Facebook.....................44
    Buscar personas que no son miembros
    de Facebook...48
    Buscar nuevos amigos...49
Invitar a personas a que sean sus amigos.............................50

Responder a las solicitudes de amistad...................................51
  Confirmar solicitudes recibidas a través
    de correo electrónico 51
  Confirmar solicitudes a través de Facebook...........52
  Ignorar una solicitud de amistad 53
Ver a sus amigos...54
Organizar a sus amigos..55
  Crear una nueva lista de amigos 56
  Ver una lista de amigos 57
  Editar una lista de amigos 57
  Eliminar una lista de amigos 58
Finalizar amistades: romper con sus amigos.................58

CAPÍTULO 4

Enviar mensajes a amigos **61**
Enviar mensajes 62
  Enviar mensajes a sus amigos 62
  Enviar mensajes a personas que (aún)
    no son amigos suyos..64
  Enviar un mensaje a más de una persona...............65
Recibir mensajes 65
  Acceder a su bandeja de entrada en Facebook.......66
  Leer y responder a mensajes 67
Dar toques...67
Escribir en un muro...69
  Escribir en el muro de un amigo 69
  Responder a un mensaje publicado en un muro 71
Enviar regalos 71

CAPÍTULO 5

Intercambiar actualizaciones automáticas **75**
Tipos de actualizaciones 76

Noticias en vivo: ¿Qué están haciendo mis amigos?...........76
  Configurar noticias en vivo.......................................77
Noticias: ¿Qué estoy haciendo? 78
  Configurar sus noticias 78
Notificaciones en Facebook...79
  Ver sus notificaciones..79
  Elegir qué notificaciones desea ver 80
Suscripciones...81
  Suscribirse a las actualizaciones
    de estado de un amigo...83
  Suscribirse al material publicado por un amigo........83
  Suscribirse a las notas de sus conocidos...............84
  Suscribirse a sus notificaciones 84
  Finalizar su suscripción 85
Crear notas (blogs)...86
  Escribir notas desde cero...87
  Importar notas de un blog ya existente....................88
  Ver y modificar sus notas 90
  Restringir el acceso a sus notas 90
  Añadir comentarios a las notas................................91
  Etiquetar notas...93
  Encontrar comentarios sobre usted en las notas
    de otras personas 94
Controlar la información que la gente ve sobre usted 94
  Evitar que la gente se suscriba a sus notas 94
  Evitar que la gente se suscriba a sus actualizaciones
    de estado...94
  Eliminar detalles de sus noticias.............................95

CAPÍTULO 6

Participar en grupos.. **97**
¿Qué es un grupo?..98
Encontrar grupos ya existentes 99

Buscar grupos..99
Encontrar grupos...101
Encontrar grupos populares 101
Unirse a un grupo..102
Crear un grupo...103
Invitar a la gente a que se una a su grupo......105
Eliminar un grupo creado por usted................106
Participar en grupos.......................................106
Si es miembro de un grupo............................106
Si es la persona que creó el grupo.................107

Anuncios clasificados.....................................124
Modificar su anuncio......................................125
Encontrar artículos...125
Responder a un anuncio.................................126

CAPÍTULO 9

Contratar y ser contratado 129
Contratar nuevos empleados.........................130
Publicidad pagada...130
Usar los grupos comunes de Facebook............131
Publicar un anuncio en Mercado 132
Anunciar un puesto de trabajo a sus amigos......133
Saber más sobre los candidatos....................134
Buscar trabajo...134
Convertir su perfil en un currículum 135
Uso de Mercado..136
Redes de contactos.......................................138

CAPÍTULO 7

Facebook y el mundo real: encuentros
en persona..109
Los tres tipos diferentes de eventos..............110
Buscar eventos existentes.............................111
Buscar eventos por nombre o tema 111
Explorar eventos..112
Ver los eventos de sus amigos.......................113
Confirmar la asistencia a un evento...............113
Crear sus propios eventos..............................115

CAPÍTULO 10

Colaboración en proyectos a través
de Facebook 141
Mantenerse en contacto................................142
Enviar mensajes..143
Organizar reuniones......................................144
Intercambiar ideas 145
Creación y suscripción a notas 146
Intercambiar archivos....................................146
Compartir imágenes 147
Crear e incluir elementos en un álbum
de imágenes..147

CAPÍTULO 8

De compras...119
El Mercado de Facebook................................120
Los filtros de sus amigos: anuncios
de sus conocidos 121
Coste: gratuito. Riesgo: por su cuenta...........121
Publicar un anuncio.......................................121
Librarse de algo..122

Editar un álbum.. 150
Ver un álbum.. 152
Restringir el acceso a un álbum................................... 152
Etiquetar imágenes... 153
Publicar elementos en su perfil.................................... 154
Mantenerse al día usando notificaciones..................... 156

CAPÍTULO 11

Publicidad en Facebook 159
Páginas de Facebook: perfiles para grupos
    de música, marcas y mucho más................................ 160
    Cómo funcionan las páginas...................................... 161
    Crear una página.. 162
    Cómo ser un Fan... 164
Anuncios sociales (dirigidos).. 165
    Crear y publicar un anuncio social............................ 166
Publicidad para grandes presupuestos......................... 170
    Listados patrocinados de Mercado............................ 170

CAPÍTULO 12

Personalizar Facebook e instalar aplicaciones 171
Modificar su página de inicio y su perfil 172
Aplicaciones de Facebook: Introducción....................... 173
    Encontrar aplicaciones... 174
    Instalar aplicaciones.. 175
    Usar aplicaciones... 176
    Aplicaciones problemáticas....................................... 176
    Controlar dónde aparecen las aplicaciones
      y quién sabe que las está usando........................... 177
    Eliminar aplicaciones... 178

Personalizar su menú de aplicaciones 178
Aplicaciones y privacidad.. 179

CAPÍTULO 13

Privacidad en Facebook 181
Introducción a la privacidad en Facebook...................... 182
    Amenazas para su privacidad.................................... 183
    Estrategias a seguir para que su información
      siga siendo privada 184
Decidir cuánto quiere compartir...................................... 184
Controlar el acceso a su cuenta...................................... 185
Ajustar su configuración de privacidad........................... 186
    Controlar quién puede ver su perfil y su información
      de contacto.. 186
    Ocultarse de las búsquedas en Facebook
      y en la Red... 188
    Configuración de las notificaciones automáticas
      a través de canales electrónicos............................. 190
    Delimitar el acceso a la información
      de sus aplicaciones 191
Defenderse de los ataques a su privacidad..................... 192
    Bloquear a miembros de forma individual 193
    Informar sobre infracciones...................................... 193

CAPÍTULO 14

Facebook Móvil 195
Cómo funciona Facebook Móvil...................................... 196
Configurar Facebook Móvil.. 197
    Activar su teléfono... 197
    Ajustar su configuración.. 198

Usar Facebook Móvil 199
   Navegar en Facebook desde su teléfono móvil 199
   Interactuar con Facebook a través de mensajes
      de texto.. 200
   Subir una imagen o un vídeo....................................... 201
   Desactivar su teléfono.. 202

APÉNDICE

Apéndice.. 203
Ayuda de Facebook.. 204
Contactar con Facebook.. 205
Páginas de utilidad relacionadas con Facebook................. 205

ÍNDICE ALFABÉTICO

Índice alfabético.. 207

I

Puede que haya llegado una invitación a la bandeja de entrada de su correo electrónico para unirse a Facebook, y esté decidiendo si hacerlo o no. Quizá se haya preocupado al oír a sus hijos cuando decían que iban a "darse un toque" en Facebook. O quizá la campana de Wall Street llamó su atención cuando Facebook, una página Web que ni siquiera existía hasta 2004, alcanzó un valor de 15 billones de dólares.

Lo haya oído o no, parece que todo el mundo habla sobre Facebook. Y por buenos motivos: en muy poco tiempo, Facebook ha pasado de ser un anuario *on-line* para críos de instituto a convertirse en todo un gigante de Internet, con más de 50 millones de miembros.

NOTA

Si cree que Facebook se parece mucho a MySpace, tiene razón. ¿Cuál es la diferencia? En una palabra: posicionamiento. Facebook hace casi lo mismo que MySpace, pero de una forma más limpia, controlada y profesional. Mientras que MySpace alardea de contar con el doble de miembros adolescentes que Facebook, el número de socios de éste se le acerca rápidamente. Y casi la mitad de todos los nuevos miembros de Facebook pertenecen al segmento de más de 25 años, por lo que ya no sólo se trata de una cuestión de niños de colegio.

Pero, ¿qué es Facebook? Es una red social gratis muy popular (es decir, es una forma de comunicarse con otras personas) que combina lo mejor de los *blogs,* los foros y grupos *on-line*, las páginas para compartir imágenes y mucho más. Al rastrear las relaciones que sus miembros establecen entre sí, Facebook facilita la labor de buscar y encontrar a gente, desde viejos amigos y compañeros de piso, hasta nuevos clientes, jefes e incluso gente que no conocía, pero con la que comparte intereses.

Cómo funciona Facebook

En primer lugar tiene que introducir su información personal y profesional, tanta como desee (la mayoría de la gente añade extras como fotografías, vídeos o fragmentos de sonido). A continuación, se establecen relaciones con grupos de miembros de Facebook, como por ejemplo todas las personas que asistieron a su universidad, o todos aquellos que trabajan para su empresa. Por último, se crean relaciones individuales con otros miembros, como los compañeros de su equipo de fútbol, su vecino, o los dos o tres viejos amigos con los que aún tiene relación. ¿Qué permite esto? Acceso instantáneo a la información personal y profesional de la gente con la que tiene relación, así como con las personas con las que éstos tienen relación, y así sucesivamente. Básicamente, Facebook es una gigantesca agenda de contactos con 50 millones de entradas.

Las dos secciones de la página con las que va a interactuar con mayor frecuencia son:

- **Su perfil:** El perfil es la página que otros miembros de Facebook (amigos, familiares, compañeros de trabajo, antiguos compañeros de piso, empleadores potenciales, etc.) ven cuando buscan información sobre usted en Facebook (obviamente, usted también puede ver su propio perfil). Las **Noticias** (capítulo 5) de su perfil hacen que sea fácil para sus amigos saber lo que está haciendo. La figura que aparece a continuación muestra un perfil de ejemplo.

- **Su página de inicio:** La mayor parte de los contenidos de su página de inicio se incluyen en la sección **Noticias en vivo** (capítulo 5), que registra las

actividades de sus amigos en Facebook. En el lado derecho de la página se incluyen los contenidos sobre los cuales puede tomar diferentes decisiones: solicitudes realizadas por sus amigos, cumpleaños que se acercan, y similares. También incluye una lista de peticiones, por ejemplo para ser amigo de alguien o instalar una aplicación (capítulo12). Para ir a su página de inicio sólo tiene que hacer clic en la palabra "facebook" que aparece en la esquina superior izquierda de cualquier pantalla de Facebook. También puede hacerlo haciendo clic en el vínculo **Inicio**. A continuación puede ver el aspecto de una pantalla de inicio de ejemplo.

Qué se puede hacer con Facebook

Al igual que en otras redes sociales, en Facebook se vuelve borrosa la línea entre lo personal y lo profesional. Es igual de probable encontrar en Facebook tanto a su jefe como a sus hijos. Aun así, la mayoría de la gente se centra o en el aspecto profesional o en el personal cuando visitan la página. Las siguientes secciones enumeran algunas de las cosas que se pueden hacer con Facebook.

Actividades sociales

- **Encontrar a viejos amigos (y que ellos le encuentren a usted):** Facebook no sería de utilidad si nadie usara sus nombres reales (nadie podría encontrar a nadie). Y puesto que es divertido encontrar a gente y que éstos le encuentren (así como que la política oficial de Facebook requiere que los usuarios sean veraces), los miembros tienden a usar sus nombres y fotografías reales, así como su información personal. En el capítulo 3 se indica cómo encontrar personas en Facebook.

- **Hacer nuevos amigos:** Facebook facilita la tarea de buscar y encontrar gente que comparte sus intereses, sean éstos las películas de Pedro Almodóvar o la geometría avanzada. Puesto que la información personal está a disposición de otros miembros de Facebook, puede conocer un poco a esas personas antes de contactar con ellas. Hay **Grupos** (capítulo 6) *on-line* de intereses especiales que le permiten intercambiar puntos de vista con miembros de Facebook con aficiones similares. Del mismo modo, los **Eventos** (capítulo 7) le permiten organizar reuniones cara a cara con otros miembros.

- **Mantener el contacto con viejos amigos y con familiares:** Otros miembros de Facebook pueden suscribirse para recibir noticias sobre usted de forma regular. Por ejemplo, puede enviar novedades sobre la fiesta en la que está a sus compañeros en la sala de estudio, o fotos de su nieta. Del mismo modo, usted puede suscribirse para recibir novedades sobre lo que están haciendo sus amigos y familiares.

- **Hacerse oír:** La característica de Facebook para publicar un *blog* le permite incluir fotos y texto en su perfil. Así, puede crear su diario *on-line*.

- **Comprar y vender:** Mercado (capítulo 8) es la respuesta de Facebook al sector de anuncios clasificados, y le permite comprar y vender a través de la Red usando una tarjeta de crédito (capítulo 8).

- **Seguirle la pista a sus hijos:** Al principio, Facebook estaba orientado a que los estudiantes se conociesen entre sí a través de la Red, y aún mantiene una gran presencia de alumnos de instituto y a nivel universitario. Familiarizarse con Facebook no sólo le ayudará a entender el lenguaje en el que hablan sus hijos, sino que también le dará una idea sobre sus vidas sociales en Internet.

Aplicaciones profesionales de Facebook

No hay que estar desempleado para poder hacer uso de las redes sociales. Cada vez más y más profesionales están usando Facebook para buscar trabajo y para publicar ofertas de trabajo, así como para trabajar más eficientemente. A continuación puede ver algunas de las aplicaciones relacionadas con el mundo profesional que puede poner en marcha con Facebook:

◗ **Encontrar trabajo:** El currículum que incluya en Facebook puede ser tan extenso como desee (muchos cazatalentos usan Facebook). Asimismo dispone de la sección de anuncios de ofertas de empleo en el Mercado (capítulo 8) de Facebook. Pero puesto que los trabajos a menudo terminan en manos de un amigo mejor cualificado, la habilidad de Facebook de mostrar quiénes son tus amigos (quizá uno de ellos conozca al encargado de contratación en una empresa) puede ser incluso más útil.

◗ **Encontrar un empleado:** Facebook puede ayudarle a reclutar al personal, así como a examinar su experiencia profesional (véase capítulo 9).

◗ **Mantenerse actualizado sobre proyectos en equipo:** Si se suscribe a los hilos de noticias y a las notificaciones (capítulo 6) estará al día sobre los plazos de entrega y otros detalles, como por ejemplo qué miembros del equipo en el otro lado del edificio están conectados o ya se han marchado a casa.

◗ **Colaboración:** Use el Muro (capítulo 4), las notas (capítulo 5) y los Grupos (capítulo 6) de Facebook para intercambiar ideas, imágenes y mucho más. Puede usar los Mensajes (capítulo 4) para enviar correos electrónicos, así como Eventos (capítulo 7) para preparar reuniones y comidas de trabajo.

◗ **Venda sus productos, su empresa, e incluso a usted mismo:** Con muy poco esfuerzo, Facebook le permite promocionarse de diferentes formas:

  ◗ Las **Páginas** son perfiles interactivos especiales para empresas, grupos de música, famosos y organizaciones no gubernamentales. Puede crearlas de forma gratuita.

  ◗ Los **Anuncios sociales** pueden incluir gráficos y texto. Aparecen en el espacio de publicidad de Facebook (la parte inferior de la pantalla), así como en los hilos de noticias de los miembros seleccionados.

  ◗ Las **Encuestas** son preguntas que puede formular específicamente a miembros seleccionados.

Los grandes patrocinadores cuentan incluso con más opciones de *marketing*. En el capítulo 11 se detallan todas las opciones posibles.

Sobre este libro

Facebook es una página muy divertida, a la vez que útil, y si la comparamos con muchas otras páginas Web, es bastante fácil de usar. Pero esto sólo es verdad si ya sabe lo que quiere hacer con Facebook, y (más importante) por qué.

Éste es el objetivo del libro. Éste es el libro que usted debería haber podido descargar cuando se registró en Facebook. Explica qué tipo de cosas puede hacer con Facebook, y cómo llevarlas a cabo. Podrá encontrar consejos para poder tirarse de cabeza en Facebook sin perderse como un novato, manteniéndose en contacto con sus amigos, aumentando su círculo social, y empleando Facebook como herramienta empresarial de alguien con pocos recursos. Este libro también le guía a través del espeso bosque de las opciones de privacidad, de forma que pueda obtener el máximo rendimiento de Facebook sin ningún riesgo (véase el capítulo 13).

Este libro está diseñado para lectores de todos los niveles de habilidad, desde los que ayer mismo enchufaron su ordenador por primera vez hasta los expertos en Internet. Introducciones muy breves junto con instrucciones paso a paso que le indicarán cómo realizar cada cosa. Las notas y trucos incluidos a lo largo del libro le darán alternativas e información adicional y le ayudarán a evitar problemas.

REGISTRARSE EN FACEBOOK

Google, Ipod, Spam: sólo un puñado de fenómenos tecnológicos ha pasado de la nada a estar en boca de todos de la noche a la mañana, y Facebook se ha unido a esta élite. La principal razón para ello es que crear una cuenta en Facebook es lo más sencillo del mundo. Y usted puede formar parte de este frenesí en el tiempo en que se tarda en decir "Hola".

A continuación, si lo desea, puede rellenar de forma opcional un **Perfil** de Facebook; responder una serie de preguntas relacionadas con sus preferencias, su formación académica y su entorno profesional, etc. Incluso puede incluir sus fotografías. Cuanta más información y más precisa sea su descripción en Facebook, mayor utilidad podrá obtener de este sitio (después de todo, los cazatalentos y los antiguos compañeros de instituto no podrán encontrarle si incluye información falsa). En este capítulo se indica cómo crear una cuenta, completar su perfil y personalizar su página de inicio en Facebook.

> **TRUCO**
> Obviamente, cuanta mayor información incluya en Facebook, mayor será el riesgo de que alguien la robe o haga un uso indebido de ésta. Véase el capítulo 13 para saber cómo obtener el máximo rendimiento de Facebook sin que su información personal quede al descubierto.

Crear una cuenta

Las cuentas de Facebook son gratuitas, y sólo se han de cumplir dos requisitos: contar con una dirección de correo electrónico válida y ser mayor de 13 años. A continuación le indicamos cómo registrarse:

1. **Acceda con su navegador Web favorito a** http://es.facebook.com**:** Si es usuario de Windows, obtendrá los mejores resultados usando Internet Explorer o Firefox. Si es usuario de Mac, use Firefox o Safari (si no está familiarizado con Firefox, visite www.firefox.com).

facebook

Facebook te permite compartir y te ofrece un mundo más accesible y conectado

> **TRUCO**
> Si va a registrarse en Facebook, es mejor que no utilice su teléfono móvil (hay que teclear mucho). Si aún así desea hacerlo, véase el capítulo 14.

2. **Rellene los campos que aparecen en el formulario Regístrate en Facebook:** Facebook no le permite omitir ninguno de estos campos, aunque podrá modificar la información que incluya en éstos más tarde.

- **Nombre** y **Apellidos**: Facebook espera que use su nombre real, y no un alias. No escriba el nombre de una empresa ni de un grupo de música. Tampoco use caracteres especiales (como por ejemplo los paréntesis) ni use títulos como D., Dña. o Dr.

- **Tu correo electrónico**: Aquí debe incluir su cuenta de correo, por lo que debe asegurarse de que se trata de una dirección de correo electrónico válida. Si no es así, no recibirá el mensaje de confirmación que Facebook le enviará, y por tanto no podrá completar el proceso de registro. Si está interesado en unirse al grupo de su empresa o al de su colegio, use la dirección de correo electrónico de su trabajo (elenamartinez@miempresa.es) o la de su centro educativo (elenamartinez@miuniversidad.es).

- **Contraseña nueva**: La contraseña debe tener más de 6 caracteres, y es sensible al uso de mayúsculas y minúsculas (puede usar números, letras y signos de puntuación). Le recomendamos que la anote en su agenda o en un sitio seguro, para así no olvidarla.

- **Sexo**: Permite elegir el sexo del usuario:

- **Cumpleaños**: Debe tener 13 o más años para poder registrarse. De lo contrario, Facebook no le permitirá crear una cuenta.

3. **Pulse el botón verde Registrarse**: Al hacerlo, está indicando que acepta las Condiciones de Uso y la

Política de Privacidad de Facebook. Lo ideal sería que, antes de pulsar el botón verde, usted haya leído estos documentos. Sin embargo, necesitaría como mínimo tres horas y una licenciatura en Derecho para poder entenderlos. Y puesto que Facebook se reserva el derecho de modificarlos en cualquier momento, tendría que releerlos a diario.

TRUCO

Las Condiciones de Uso y Política de Privacidad de Facebook pueden resumirse en lo siguiente: sea amable (no envíe spam ni publique material pirateado), sea honesto (deje campos en blanco sobre sus datos personales, pero asegúrese de que los campos que sí rellena son correctos), y no culpe a Facebook por cualquier cosa mala que pueda ocurrir (por ejemplo, que las fotos de la cena de Navidad con sus compañeros de empresa acaben publicadas en la prensa rosa). Si incumple estas normas, Facebook se reserva el derecho de interrumpir el servicio.

Confirma tu dirección de correo electrónico

¡Gracias por registrarte en Facebook! Te hemos enviado un correo electrónico de confirmación a **patillas_01@hotmail.es.**

Haz clic en el enlace de confirmación del correo electrónico para completar tu registro.

¿Tienes alguna pregunta? Consulte la Ayuda

4. **En el cuadro de diálogo de confirmación le muestra la cuenta de correo a la que le enviará el mensaje de confirmación:** En la bandeja de entrada de su cuenta de correo electrónico encontrará un mensaje de Facebook en el que se le solicitará que confirme que quiere registrarse. En caso de que haya olvidado rellenar alguno de los campos mencionados anteriormente, verá de nuevo la página de registro con un mensaje en la parte superior que dirá "Debe rellenar todos los campos".

TRUCO

Facebook responde rápido las solicitudes de registro. Por lo general, el mensaje automático de confirmación aparecerá en su bandeja de entrada en un par de minutos.

5. **Desde su cuenta de correo electrónico, haga clic en el enlace de confirmación que aparece en el mensaje (o copie y péguelo en su navegador Web):** ¡Bingo! Facebook le mostrará un mensaje de bienvenida en su página de inicio personalizada. Felicidades, ya está oficialmente registrado (y también habrá accedido al sistema de forma automática).

TRUCO

Tras el registro, en lugar de la página de inicio genérica de Facebook, aparecerá una personalizada para usted. En el lugar que antes ocupaba el botón verde para registrarse, encontrará varios vínculos a cosas interesantes que hacer con Facebook, como encontrar a amigos que ya son miembros de Facebook [véase capítulo 3], así como ver y editar su perfil.

Crear su perfil

Un perfil es un conjunto de hechos sobre usted: desde la escuela a la que asistió hasta su edad. E incluso en qué tipo de relación sentimental se encuentra en la actualidad (o espera estar) o cuáles son sus series de televisión favoritas. Todos sus amigos en Facebook y los miembros de las redes a las que pertenezca pueden ver los detalles de su perfil (excepto aquellos miembros de Facebook que usted excluya de forma específica). Facebook crea de forma automática un perfil que incluye información básica, que va en función de la que introdujo durante el proceso de registro. Usted decide si desea introducir información adicional, así como cuánta desea incluir.

Si decide incluir más información en su perfil, la brevedad y la exactitud de ésta ayudarán a Facebook a ponerle en contacto con personas con gustos y aficiones similares a las suyas. Esto se debe a que Facebook incluye de forma automática las respuestas a las preguntas del perfil en los resultados de búsqueda que ven otros usuarios. Del mismo modo, el sitio puede sugerirle "amigos" potenciales al hacer coincidir sus respuestas con las de otros miembros (véase capítulo 3).

Si va a perfeccionar su perfil, pregúntese lo siguiente:

- **¿Qué es lo que quiero conseguir con Facebook?** Si lo único que quiere es comprobar el perfil de Facebook de su exmujer, entonces no necesita perder el tiempo rellenando el suyo. Pero si lo que espera es establecer relaciones y conseguir un trabajo, emplear algo de tiempo y esfuerzo en su perfil merece la pena.

- **¿Estoy al corriente de los aspectos relacionados con la seguridad?** Aunque el éxito de Facebook se basa, en una parte, en el escrupuloso respeto de la privacidad de sus miembros, la triste realidad es que todo lo que cuelgue en Internet está sujeto a un posible uso indebido o robo, y ahí se incluye la información de su perfil de Facebook. Piénselo dos veces antes de incluir información relacionada con sus tendencias políticas, religiosas o sexuales, así

como cualquier otra información sensible, a menos que incluir esta información sea imprescindible. Por ejemplo, si se ha registrado en Facebook de forma específica para encontrar a otros activistas políticos, entonces rellene la sección de intereses políticos de su perfil. De no ser así, omítala.

- **¿Cuánto tiempo quiero emplear en esto?** La creación de un perfil puede implicar una gran cantidad de tiempo. Si está deseando empezar a usar Facebook, simplemente incluya algunos detalles. Siempre puede incluir más información más tarde.

Si toda la información que añade a su perfil es tan sólo un detalle, que éste sea una imagen significativa de usted. Hacer esto es rápido, fácil, y permite a aquellos que ya le conocen identificarle al vuelo (incluso si se llama Juan García).

Ver su perfil

Echar un vistazo a su perfil de vez en cuando es una buena idea, ya que le permite comprobar cómo le ven otros miembros de Facebook.

Para ver su perfil:

1. Asegúrese de que está registrado y que ha accedido al sistema.

Si acaba de terminar de registrarse, haciendo clic en el vínculo del mensaje de confirmación, habrá accedido ya al sistema de forma automática.

2. Vaya a la parte superior de cualquier ventana de Facebook y haga clic en **Perfil**.

A medida que pase el tiempo, su perfil puede llegar a contener mucha información, y no podrá leerlo con facilidad. Para minimizar una categoría o sección, haga clic en el icono de la flecha que apunta hacia abajo, junto al encabezado de la categoría (haga clic en el icono que apunta hacia la derecha para expandir de nuevo la categoría).

El perfil que aparece sólo muestra la información que usted haya incluido. Si acaba de registrarse, los únicos detalles que aparecerán serán los que usted indicó durante el proceso de registro.

A menos que indique lo contrario a Facebook, todas las personas que usted marque como amigos (véase capítulo 3), así como todas las personas de las redes a las que usted pertenezca (véase capítulo 2) podrán ver su perfil (sólo podrán hacerlo estas personas y nadie más). Para ajustar con mayor precisión quién puede ver qué, véase el capítulo 13.

Incluir información básica

La mayor parte de la información que aparece en Facebook en la categoría **Información básica** no es de mucha utilidad. Lo más probable es que sólo quiera incluir la información relacionada con su ciudad y su país de origen, y omitir el resto (de hecho puede omitir toda esta información si así lo desea; Facebook no le obliga a que rellene todas las categorías de su perfil). A continuación puede ver cómo se incluye información básica en su perfil:

1. En la parte superior derecha del campo **Información básica** hacer clic en **Editar**.

2. En **Información básica** rellene los campos que desee:

- **Sexo**: Seleccione masculino o femenino.

- **Fecha de nacimiento**: Si durante el registro incluyó por error una fecha de nacimiento incorrecta, puede modificar el día o el mes de su nacimiento (pero no el año). Para ocultar su edad o el día de su cumpleaños a aquellos que pueden consultar su perfil, seleccione en el menú desplegable **Mostrar sólo el mes y el día en mi perfil** o **No mostrar mi fecha de cumpleaños en mi perfil**.

- **Ciudad de origen**: Escriba el nombre de ciudad que quiera, Facebook muestra un menú desplegable en el que aparecerá la ciudad, junto al país al que pertenece. Si escribe por ejemplo **Córdoba** podrá elegir entre la ciudad de España, Argentina, etc.

- **Ideología política**: Al escribir el nombre del partido político por el que siente simpatía o por el que vota aparece una lista desplegable, similar a la del apartado anterior, en la que aparece el país al que pertenece el partido.

- **Religión**: Puede escribir lo que desee en este campo (y probablemente, su credo aparecerá en la lista desplegable). Si tiene que incluir más de cien caracteres en este apartado, puede exponer sus opiniones teológicas en la pestaña **Personal**, en el campo **Acerca de mí**.

4. Una vez haya terminado, haga clic en **Guardar cambios**. O si quiere descartar la información que ha incluido, haga clic en **Cancelar**.

Añadir información de contacto

Tras el registro, los miembros de Facebook pueden ponerse en contacto con usted de diferentes formas. Pueden enviarle un mensaje o escribir en su "muro". Puede incluir otras vías a través de las cuales la gente puede contactar con usted, como incluir su dirección, su teléfono o el *nick* que usa en su programa de mensajería instantánea. Para ello siga los siguientes pasos:

1. En el menú **Perfil** de Facebook haga clic en **Información**, y a continuación en la pestaña **Información de contacto**.

▼ **Información de contacto**

Direcciones de correo electrónico:	patillas_01@hotmail.es	🔒
	Agregar/eliminar direcciones de correo electrónico	
Nombre/s de mensajería instantánea para mostrar:	[ ] AIM ▼	🔒
	Agregar otro nombre para mostrar	
Teléfono móvil:	[ ]	🔒
Teléfono fijo:	[ ]	🔒
Dirección:	[ ]	🔒
Ciudad/población:	[ ]	
Código postal:	[ ]	
Sitio web:	[ ]	🔒

[Guardar cambios]   [Cancelar]

2. En la ventana que aparece rellene tantos campos como desee:

NOTA

Al añadir un campo nuevo en la sección Contacto tiene la posibilidad de editar la configuración de privacidad. En ésta, puede seleccionar Sólo mis amigos en el menú desplegable que aparece junto al icono del candado que aparece a la izquierda de cada campo. Al hacerlo, esto indica a Facebook que tiene que ocultar los contenidos de ese campo a todo aquel que no haya sido aceptado de forma específica como amigo. Por ejemplo, si selecciona Sólo mis amigos para el campo Teléfono móvil, hará que Sara (que es miembro de su grupo) no pueda ver su número de teléfono al acceder a su perfil de Facebook. Sin embargo, Jorge (uno de sus amigos en Facebook) sí podrá hacerlo.

▶ **Direcciones de correo electrónico:** Curiosamente, al hacer clic en **Agregar/Eliminar direcciones de correo electrónico** no le permite agregar o quitar direcciones. En lugar de esto, al hacer clic sólo se permite modificar su dirección de correo principal.

NOTA

Aunque Facebook sólo le permite contar con una cuenta de correo electrónico principal, puede asociar varias direcciones de correo a su cuenta, lo que es de utilidad si quiere unirse a varios grupos. Para saber más, véase el capítulo 2.

- **Nombre(s) de mensajería instantánea para mostrar:** Si ya tiene una cuenta en un servicio de mensajería instantánea como por ejemplo MSN (MSN Messenger) puede añadir su alias a su cuenta. Al hacer esto permite a cualquier persona que acceda a su perfil de Facebook comprobar si está conectado en su programa de mensajería (Facebook muestra un punto verde junto a su nombre de pantalla). Al estar conectado, cualquier persona con un programa de mensajería instalado en su ordenador puede hacer clic en su nombre de pantalla para hablar con usted directamente. Para añadir un alias escríbalo en el campo al efecto, y a continuación seleccione en el menú desplegable su servicio de mensajería. Puede elegir entre AIM, Google Talk, Skype, Windows Live, Yahoo, Gadu-Gadu e ICQ. Facebook le permite incluir hasta cinco alias.

- **Teléfono móvil, Teléfono fijo, Dirección, Ciudad/población, Código postal:** Si no se siente cómodo al dejar un anuncio en su centro cívico con su número de teléfono y dirección postal, lo más probable es que no quiera incluir estos detalles en su perfil de Facebook.

- **Página web:** Puede incluir varias páginas Web. Sólo debe asegurarse de que cada URL (por ejemplo www.mipáginaweb.es está en una

línea diferente). Puede omitir el http:// sin ningún problema, ya que Facebook lo añade automáticamente.

3. Cuando haya terminado, haga clic en **Guardar cambios**, o en **Cancelar** para descartarlos.

Añadir información personal

A causa de sus orígenes como anuario para estudiantes de instituto, Facebook le anima a que incluya información personal como cuáles son sus aficiones, sus grupos de música favoritos, y qué es lo que busca en su pareja ideal. Para añadir este tipo de información siga los siguientes pasos:

1. En el menú **Perfil** de Facebook haga clic en **Información**, y a continuación en el enlace **Editar información** de la pestaña **Información personal**.

2. En la ventana que aparece, incluya tanta información como desee en los siguientes campos: **Actividades, Intereses, Música favorita, Programas de televisión favoritos, Películas favoritas, Libros favoritos, Citas favoritas y Acerca de mí.**

TRUCO

Parecerá un novato si incluye mucha información en la sección **Personal** (por ejemplo, un par de páginas en cada campo).

3. Cuando haya acabado, haga clic en **Guardar cambios**, y Facebook actualizará automáticamente su perfil. (Haga clic en **Cancelar** para descartar los cambios.)

4. Haga clic en la sección Información básica.

5. Seleccione las casillas y los campos del menú desplegable que mejor describan su estado actual y sus preferencias.

6. Una vez haya terminado, haga clic en **Guardar cambios** o **Cancelar**.

Añadir información académica y profesional

Si usted es estudiante o trabaja en una empresa de ciertas dimensiones, añadir a su perfil algunos detalles relacionados con su educación o con su carrera profesional merece la pena el esfuerzo. Después de todo, el objetivo de Facebook es intentar imitar los grupos sociales de la vida real (y si usted es como la mayoría de la gente, la mayor parte de sus amigos en la vida real son compañeros de clase o de trabajo).

Emplear su tiempo en añadir estos detalles es de utilidad para ponerse en contacto con los antiguos amigos, ya que Facebook permite buscar personas en función de la coincidencia entre la información de los perfiles. De este modo puede buscar, por ejemplo, a aquellas personas que terminaron el instituto el mismo año que usted.

Siga los siguientes pasos para incluir información sobre los centros educativos a los que asiste en la actualidad (o a los que asistió en el pasado):

1. En el menú **Perfil** de Facebook haga clic en **Información**, y a continuación en la pestaña **Formación y empleo**.

2. En la ventana que aparece rellene los siguientes campos opcionales:

   ▶ **Universidad**: En cuanto comience a escribir Facebook mostrará una lista de centros educativos para elegir uno. Puede añadir hasta cinco universidades diferentes.

   ▶ **Promoción**: Elija en el menú desplegable el año en que finalizó sus estudios.

   ▶ **Asistió a**: Puede elegir entre **Universidad** y **Estudios de postgrado**.

   ▶ **Carrera**: Elija el área de conocimiento principal de su titulación. Si cuenta con más de un área de conocimiento, haga clic en **Agregue otra carrera** para añadir hasta tres campos más.

   ▶ **Grado**: Elija el grado de sus estudios.

   ▶ **Instituto**: Facebook le permite incluir hasta dos escuelas secundarias.

   ▶ **Promoción**: Elija en el menú desplegable el año en que terminó su educación secundaria.

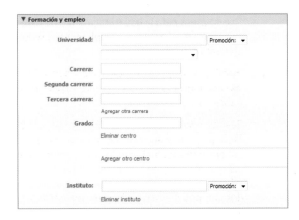

TRUCO

No es necesario que la cuenta de correo que usó en el registro de Facebook sea una dirección de correo electrónico asociada a un centro académico (una que acabe en .edu, por ejemplo yo@miuniversidad.es) para poder añadir la información relacionada con su experiencia académica.

Si desea añadir detalles sobre su trabajo profesional, rellene cualquiera de los campos que se indican a continuación.

   ▶ **Empresa**: Cuando comience a escribir, Facebook le mostrará un menú desplegable con una lista de las empresas más conocidas.

Si la empresa para la que trabaja está en la lista, selecciónela. Si no es así, simplemente escriba el nombre de ésta.

- **Puesto, Descripción, Ciudad/población:** Añada las características que desee sobre su puesto de trabajo

- **Período:** Seleccione la casilla de verificación **Trabajo aquí actualmente**, si aún está en el trabajo que está incluyendo, y a continuación indique el mes y año en el que empezó. Si no selecciona esta casilla, Facebook muestra otros dos campos de mes y año para que incluya la fecha en que dejó esa empresa.

NOTA Puede incluir hasta cinco empresas y trabajos haciendo clic en Agregar otro empleo.

3. Haga clic en **Guardar cambios** o en **Cancelar**.

Añadir imágenes a su perfil

Hasta que añada una fotografía a su perfil, Facebook mostrará una silueta indefinida. Sustituir esta imagen por una fotografía es una buena idea, ya que ayudará a que le identifiquen más fácilmente. Pero no tiene por qué detenerse en una única fotografía en su perfil. Facebook le permite crear un **Álbum de fotos de perfil** que contenga varias imágenes, a las cuales puede añadir un pequeño pie de foto.

1. En el menú superior de Facebook seleccionar **Perfil** y haga clic en Cargar una foto de perfil.

2. En la ventana que aparece haga clic en **Examinar**. La ventana **Elegir archivo** le permite elegir la imagen que quiere añadir desde su ordenador. Asegúrese de que el archivo que elige tiene una extensión `.jpg`, `.gif`, o `.png`; y que su tamaño es menor de 4 megabytes (es lo más probable, ya que los archivos JPG, GIF y PNG suelen ser muy pequeños). Después de haber realizado su selección, el nombre del archivo aparece en el campo **Cargar foto**.

Facebook le permite subir álbumes de fotos adicionales (véase capítulo 10), e incluso asignar etiquetas a las imágenes que suba (incluyendo la imagen de su perfil). Etiquetar es una forma rápida de asignar una parte de una imagen con el nombre de un usuario de Facebook. Por ejemplo, digamos que ha subido una imagen en la que aparece un compañero de trabajo al fondo. Puede seleccionar su rostro y asignar ese fragmento de la imagen con su nombre, y hacer lo mismo con su compañero de trabajo, y asignar su cara a su nombre. Etiquetar ayuda a los miembros de Facebook a encontrar imágenes en las que aparecen ellos, aunque estas imágenes aparezcan en la página de su mejor amigo o de su peor enemigo. Véase el capítulo 10.

leer las condiciones legales que debe de cumplir. Éstas pueden resumirse en lo siguiente: No suba una imagen que no haya tomado en persona (o dibujado, o bosquejado, o lo que sea).

4. Haga clic en **Cargar foto**. La próxima vez que acceda a su perfil verá su fotografía.

5. Si lo desea, puede retocar su imagen o añadir más para crear un Álbum de fotos del perfil. Éstas son las opciones:

    ◗   Para subir otra foto a su álbum sólo tiene que repetir los pasos 2 a 4.

    ◗   Para cambiar la imagen de su perfil por otra que ya ha subido, haga clic en Álbum de fotos del perfil (a la izquierda, sobre la foto actual). A continuación, en la ventana que aparece, haga clic en la imagen que desee. Por último,

3. Haga clic en la casilla de verificación Certifico que tengo el derecho de distribuir esta fotografía y que ello no infringe las Condiciones de uso. Puede hacer clic en los Condiciones de uso para

en el fondo de la ventana (baje hacia abajo), haga clic en **Seleccionarla como foto de perfil** y, en el menú de confirmación que aparece, haga clic en **Aceptar**. Facebook muestra una versión en miniatura de su fotografía en diferentes partes del sitio en función de la actividad que esté llevando a cabo en ese momento con Facebook. Por ejemplo, si se une a un grupo (véase capítulo 6), Facebook muestra la versión en miniatura en la sección de miembros de la página de perfil del grupo. Asimismo, si establece amistad con otro miembro, la versión en miniatura de la imagen aparecerá en la lista de amigos de esa persona.

- Para retocar la versión en miniatura de su fotografía de perfil coloque el cursor sobre la versión en miniatura de la imagen hasta que éste se convierta en un cursor con cuatro flechas. A continuación, arrastre la imagen dentro de los límites del marco. Una vez esté satisfecho con el aspecto de ésta, haga clic en **Almacena la versión en miniatura**.

- Para eliminar una imagen del **Álbum de fotos del perfil** haga clic en este vínculo, seleccione la imagen que quiere eliminar, y haga clic en **Eliminar esta foto**.

- Los pies de foto aparecen cuando alguien coloca el cursor sobre las imágenes. Para añadir un comentario a la fotografía de su perfil haga clic

en **Álbum de fotos del perfil**, y a continuación en **Editar esta foto**. En la ventana que aparece, vaya al campo **Capción** que aparece junto a la imagen, escriba el texto que desee, y haga clic en **Guardar cambios**.

TRUCO

Teniendo en cuenta que Facebook no es un sitio orientado a compartir imágenes, le permite hacer una gran cantidad de cosas con éstas. Puede crear varios álbumes de fotos, imprimirlas online, compartirlas con otros miembros de Facebook (y también con no miembros), e incluso rotar las imágenes 90 grados. En la parte superior de cualquier ventana de Facebook haga clic en Editar, a continuación en la pestaña Foto, y por último en Álbum de fotos del perfil. En la ventana que aparece, Mis fotos – Fotos de perfil, haga clic en cualquier imagen y a continuación baje en la página para ver las opciones de ésta.

Ver su página de inicio en Facebook

Una vez completado el proceso de registro, Facebook crea una página de inicio sólo para usted. Para poder verla:

1. Desde su navegador Web vaya a http://es.facebook.com. Podrá ver una página de inicio genérica, con

un cuadro de diálogo a la derecha para poder acceder a Facebook.

2. Acceda al sistema: Si siempre accede a Facebook desde el mismo ordenador es probable que su dirección de correo electrónico ya aparezca en el campo **Correo electrónico**. De no ser así, introduzca su dirección de correo y la contraseña que introdujo durante el registro, y a continuación pulse el botón **Iniciar sesión**.

TRUCO

Piénselo dos veces antes de hacer clic en la casilla Recordarme. Si lo hace, su navegador iniciará sesión en Facebook automáticamente, hasta que usted indique lo contrario de forma específica. Si olvida cerrar su sesión sus familiares, compañeros de trabajo o cualquier persona que use su ordenador puede acceder a su cuenta. Es mejor que teclee esos pocos caracteres.

3. Cuando acabe su sesión en Facebook haga clic en **Cerrar sesión**, en la parte superior derecha de cualquier ventana. Al hacer esto evitará que cualquier otra persona pueda acceder a su perfil.

Modificar la información de su cuenta

Parte de la información que usted incluye en Facebook (por ejemplo, su contraseña o su número de tarjeta de crédito) no es de acceso público. Puesto que estos detalles deben permanecer entre Facebook y usted, no son parte de su perfil, y aparecen en su cuenta.

Para modificar esta información:

1. En la parte superior de cualquier ventana de Facebook haga clic en **Configuración**.

2. En la ventana que aparece, compruebe que está seleccionada la pestaña **Configuración**.

3. Haga clic en cualquiera de los campos que aparece a continuación:

   ◗ **Nombre:** Si desea modificar su nombre por cualquier motivo puede hacerlo, en lugar de tener que cancelar su cuenta y registrarse de nuevo. Sólo hay un inconveniente. A causa de que Facebook ejecuta una serie de controles de seguridad sobre su nombre para evitar fraudes, este cambio no se producirá inmediatamente (tardará varios días).

   ◗ **Correo electrónico de contacto:** Si su dirección de correo cambia, debe hacérselo saber a Facebook.

TRUCO

En función de lo que use Facebook recibirá más o menos mensajes en la bandeja de entrada de su cuenta de correo. Si recibe demasiados, considere la posibilidad de conseguir una nueva cuenta para usarla sólo en Facebook. Puede obtener una dirección de correo electrónico gratuita en páginas como **www.yahoo.com** o **www.google.es**.

- **Contraseña:** Por motivos de seguridad tiene que teclear su antigua contraseña, y a continuación escribir dos veces su nueva contraseña.

- **Pregunta de seguridad:** Introduzca una pregunta cuya respuesta solo sepa usted para identificarse como propietario de la cuenta.

- **Privacidad:** Controle quién puede ver su perfil, quién puede buscarle o quién publica en su muro.

- **Tarjetas de crédito:** A menos que quiera comprar un regalo (véase capítulo 4) o quiera pagar algún servicio de publicidad (véase capítulo 11) no pierda el tiempo en rellenar este apartado.

- **Desactivar la cuenta:** Si no le gusta Facebook, simplemente puede dejar de usarlo, aunque Facebook le ofrece una forma mejor de romper su relación. Al desactivar su cuenta, tiene la posibilidad de comentar a los ingenieros de Facebook qué es lo que no le gusta del servicio (de hecho no puede desactivar su cuenta hasta que se lo comente). Si activa la casilla **Elegir no recibir correos electrónicos de Facebook** durante el proceso de desactivación le permite dejar de recibir correos electrónicos e invitaciones relacionados con Facebook.

2

UNIRSE A UNA RED

Lo que mejor se le da a Facebook es rastrear los lazos que unen a las personas que se registran en la página. La forma más fácil de establecer un gran número de relaciones a la vez es unirse a una red: un grupo de personas que tiene algo en común. Por ejemplo, que son licenciados o alumnos de la misma universidad, compañeros de trabajo, que viven en la misma ciudad, etc. Al unirnos a una red nos libramos de gran parte del trabajo pesado, como encontrar grupos o eventos en la vida real, comprar artículos locales o contactar con amigos o compañeros de trabajo en la vida real. Siga leyendo para saber más sobre las redes y sobre cómo sacar el máximo partido de ellas.

Cómo funciona una red

Una red de Facebook no es sino un grupo de personas que vive o trabaja en el mismo lugar, o que asiste al mismo centro educativo. Lo más probable es que quiera formar parte de una red inmediatamente después de registrarse en Facebook, ya que a menos que haga esto, los únicos perfiles que podrá ver serán los de aquellas personas a las que haya enviado una solicitud de amistad (véase capítulo 3). Asimismo, los únicos eventos y grupos que podrá ver son aquellos de carácter "global" (lo que es tan interesante como leer los anuncios clasificados de *El País* si vive en Madrid).

NOTA

No podrá ver el perfil de un miembro de una red a menos que forme parte de ella. Mientras tanto, sólo podrá ver algunos datos, tales como la imagen del perfil.

Al unirse a una red ocurren dos cosas:

▸ **Obtiene acceso inmediato a los perfiles de todos los miembros de esa red, así como a los grupos, eventos, listados de Mercado, etc.:** Hay algunas excepciones, ya que algunos miembros de Facebook deciden restringir el acceso a sus perfiles. Asimismo, algunos grupos tienen el acceso limitado. A pesar de esto, aún podrá acceder a una gran cantidad de información. Todos estos datos serán de utilidad para usted, ya que tendrá algo en común con todos los miembros de la red: la ciudad en la que vive, la universidad a la que asiste o la empresa en la que trabaja.

NOTA

Tras haberse unido a una o dos redes, podrá re-unirse con personas que compartan una afición con usted (por ejemplo, el cultivo de hortalizas o coleccionar chapas de cerveza) creando o unién-dose a un grupo de Facebook (capítulo 6).

▸ **Cualquier miembro de la red puede ver la informa-ción de su perfil, incluyendo una lista de todas las cosas que usted ha estado haciendo en Facebook:**

Los miembros de la red también podrán conocer cuál es su ciudad natal, su orientación política, su correo electrónico y cualquier otra información que haya añadido a su perfil. Asimismo tendrán acceso a sus **Noticias** (una lista de todas sus actividades en Facebook), que aparecen de forma automática en su perfil. A través de estas podrán saber que hace una hora subió una imagen, que hace media hora se unió a un grupo, y que hace tan sólo dos minutos recibió un regalo.

TRUCO

> Una cosa es permitir que cualquier persona de su red eche un vistazo a la información que usted incluyó en su perfil, y otra que se entrometan y conozcan información de carácter personal. ¿De verdad quiere que todo el mundo sepa que ha cambiado de religión 12 veces en las últimas dos horas? ¿O que ha abandonado el grupo virtual de colección de chapas de cerveza al que pertenecía? Para saber más sobre cómo mantener su privacidad en lo que concierne a las redes, véase el capítulo 13.

Ver de qué redes forma parte

Puede que ya forme parte de una red y no lo sepa (por ejemplo, dependiendo de la información que haya introducido durante el proceso de registro). O quizá no lo recuerde. Aunque en la interfaz española de Facebook

no existe un menú concreto para consultar esta información, hay un pequeño truco con el que podrá saber fácil y rápidamente de qué redes forma parte:

◗ En la parte superior de cualquier ventana de Facebook haga clic en **Perfil**.

◗ En la parte superior de su perfil, bajo su nombre, aparece el campo **Redes**. En éste se indican todas las redes de las que forma parte.

Unirse a una red

Al registrarse, Facebook le incluirá por defecto en la red "Global". Asimismo, le registrará en algunas redes dependiendo de la información que incluya durante el registro. Por ejemplo, si incluye una dirección de correo electrónico perteneciente a la Universidad Complutense de Madrid, Facebook le registrará de forma automática en esta red. Del mismo modo, si trabaja por ejemplo para Anaya, y dispone de una cuenta de correo de esta empresa, Facebook le registrará en esta red.

Técnicamente puede formar parte de hasta cinco redes, aunque la mayoría sólo forma parte de dos o tres como máximo: una red regional (perteneciente a la ciudad en la que vive, por ejemplo Madrid), una red escolar (perteneciente a una universidad o centro educativo, por ejemplo, la Universidad Complutense o la Escuela de Idiomas de Zaragoza) y una red de trabajo (si su empresa dispone de una).

Por motivos de seguridad, no podrá unirse a más de una red regional (es decir, no puede decir a Facebook que vive en La Coruña y en Almería a la vez). Asimismo, no podrá cambiar de red cada dos minutos. Facebook limita el número de cambios de red a dos por cada dos meses. En cualquier caso, si cambia de red habitualmente, puede que Facebook marque su cuenta de usuario como spam. Por tanto, cuando se adhiera a una red, asegúrese de que es la adecuada.

Para unirse a una red:

1. En la parte superior de cualquier ventana de Facebook haga clic en **Configuración**.

2. En la ventana que aparece, haga clic en la pestaña **Redes**.

3. En la ventana que aparece, vaya al campo **Únete a una red** que aparece a la derecha de la ventana. En el campo de texto, escriba el nombre de una ciudad (si quiere unirse a una red regional), de un centro de estudios (si quiere formar parte de una red educativa) o de la empresa en que trabaje (si quiere unirse a una red profesional). En cualquier caso, cuando comience a teclear aparecerá un menú desplegable en el que podrá seleccionar la red de la que quiere formar parte.

Mi cuenta

| Configuración | Redes | Notificaciones | Móvil | Idioma |

Perteneces a 2 redes

Barcelona GSE (red primaria)
Barcelona, Spain

Como tu red primaria, Barcelona GSE aparecerá junto a tu
nombre para las personas en otras redes. También podrás ver
a gente de Barcelona GSE primero en las búsquedas.

Status:　Antiguo alumno/a

No tienes amigos en Barcelona GSE.
Hay 3.006 personas en la red Barcelona GSE.

Editar información
Abandonar red

UDO VE
Barcelona, Venezuela

Año:　2014

No tienes amigos en UDO VE.
Hay 5.038 personas en la red UDO VE.

Hacer primaria
Editar información
Abandonar red

Únete a una red

Introduce una ciudad, lugar de trabajo
colegio o región.

Nombre de la red:

[Unirse a esta red]

NOTA

Tenga en cuenta que no siempre podrá acceder
a la red que quiera. Por ejemplo, si ha indicado
en su perfil que vive en Sevilla, no podrá unirse a
la red local de Zaragoza. Asimismo, si su dirección de correo profesional es **pablo@ibm.es**, va
a poder formar parte de la red de IBM España,
pero no de la de IBM Estados Unidos (y mucho
menos de otra empresa como Telefónica o Iberia).
De forma similar, si su dirección de correo es
pablo.martinez@us.es, las puertas de la red de
la Universidad de Sevilla estarán abiertas para
usted, pero por desgracia no las del resto de
universidades españolas.

Esto no quiere decir que pueda unirse sólo a una
red educativa o profesional. Si por ejemplo estudia
(o ha estudiado) en dos universidades, y dispone
de correo electrónico en ambas instituciones (por
ejemplo, la Universidad Nacional de Educación
a Distancia y la Universidad de Alicante), podrá
formar parte de ambas redes.

4.　Seleccione la red de la que quiere formar parte. Para
finalizar y unirse a la red que ha elegido, haga clic
en **Unirse a esta red**.

CAPÍTULO

3

BUSCAR Y AÑADIR AMIGOS

En la vida real, las redes sociales de las que forma parte no sólo constan de personas que viven en su ciudad y que trabajan o estudian en el mismo sitio que usted, sino también de gente con la que ha establecido una relación: profesores, cuñadas, amigos con los que juega al fútbol, etc. En Facebook sucede lo mismo. Usted empieza con un grupo de compañeros de trabajo o de clase (véase capítulo 2), y a continuación añade amigos uno por uno. Puede usar Facebook incluso para encontrar viejos amigos y conocer a gente.

¿Por qué querría aumentar su círculo social en Facebook? Pues porque tener amigos es el objetivo de unirse a Facebook. Puede dar a conocer sus progresos en la vida real (tanto los importantes como los más cotidianos), compartir con otros el libro que está leyendo, jugar juegos *on-line*... la lista es interminable. Pero antes que nada tiene que reunir a sus amigos. Siga leyendo para saber cómo.

Amigos en Facebook

En el universo Facebook, un amigo es cualquier miembro que ha aceptado que usted y él tienen algo en común. Quizá jugaban en el mismo equipo de fútbol, trabajaban como voluntarios en el mismo refugio de animales o siguen acudiendo a las mismas fiestas celebradas por su ex compañero de piso. Quizá estuvieron saliendo, hicieron

un viaje juntos o son primos segundos. No importa la forma en que conoció a un amigo en Facebook, sino en que ambos estuvieron de acuerdo en conocerse.

> **NOTA**
>
> Facebook no dispone de ningún método para verificar las relaciones entre amigos. Pero una de las principales diferencias de esta red con MySpace.com (la otra gran red social) es que Facebook promueve que sus usuarios sean honestos. Por tanto, mientras que tener un billón de "amigos" en MySpace es un símbolo de estatus, no es así en Facebook. En esta red, el objetivo de tener amigos es disponer de una lista manejable con la gente que conoce de verdad (y de la que de verdad quiere recibir noticias).

Dos personas se convierten en amigos en Facebook cuando una de ellas envía una invitación a la otra, y ésta acepta o confirma. Una vez que alguien se hace amigo de otra persona en Facebook suceden tres cosas:

▶ Usted aparece en la **Lista de amigos** y en el perfil de su amigo (y viceversa): En Facebook, al igual que en la vida real, usted es conocido por las personas a las que frecuenta. Todas las personas que tengan acceso al perfil de su amigo (o al suyo propio) pueden ver la relación que existe entre usted y su amigo. Y con tan sólo un clic, la gente puede pasar del perfil de su amigo al suyo y al revés.

Una de las mejores y más adictivas características de Facebook es que, en muchos aspectos, se parece a un confesionario. Los perfiles de Facebook animan a los miembros a que desarrollen en detalle temas que, por lo general, no surgen en una conversación educada. Por tanto, cuando se es amigo de otro usuario de Facebook, uno se ve sorprendido ante los suculentos detalles que pueden aprenderse sobre esa persona.

▶ Puede subscribirse para recibir de forma automática actualizaciones, como las **Noticias en vivo**, que recogen las actividades que lleva a cabo su amigo de Facebook (y viceversa).

▶ Puede ver el perfil de su amigo (y viceversa): Esto significa que puede ver todos los eventos a los que piensa asistir, los grupos a los que se ha unido, y todas las personas con las que ha establecido asistir, entre otros detalles personales.

NOTA En el capítulo 5 se indica cómo registrarse para recibir actualizaciones sobre las actividades de sus amigos de Facebook (incluyendo noticias recientes), así como la forma de personalizar las actualizaciones que sus amigos reciben.

Encontrar amigos

Antes de establecer una amistad tiene que encontrar a esa persona en Facebook. El portal le permite hacer esto de tres formas diferentes:

- Puede buscar amigos y conocidos de la vida real que ya son miembros de Facebook.

- Puede invitar a amigos y conocidos de la vida real que aún no forman parte de Facebook para que se unan al portal.

- Puede buscar miembros de Facebook con los que nunca se ha encontrado antes, pero con los que comparte aficiones (como por ejemplo conocimientos sobre configuración de servidores o el interés en el cultivo de plantas de interior).

Encontrar personas miembros de Facebook

Puede que algunos de sus conocidos o amigos de la vida real ya sean miembros de Facebook. Para encontrarlos, use uno de los siguientes métodos de búsqueda.

- Buscar miembros de Facebook por nombre: En la parte superior derecha de la pantalla tiene el campo **Búsqueda**, escriba el nombre de la persona que quiere buscar y pulse **Intro**. Facebook muestra todas las coincidencias (y también los resultados similares) encontradas. Si obtiene un gran número de resultados, haga clic en la pestaña **Personas**, para así eliminar todos los grupos y eventos que coincidan con sus criterios de búsqueda. Para reducir su búsqueda a una única red, elija una de la lista desplegable **Mostrar resultados de**. Para filtrar los resultados por género, edad o estatus de la relación haga clic en **Ver más filtros**.

En Facebook, los vínculos sobre los que puede hacer clic son de color azul. Si uno de los nombres que aparece en la lista de resultados (o en su lista de amigos, o en cualquier parte de Facebook) es de este color, al hacer clic éste le llevará directamente al perfil de esa persona.

Buscar miembros de Facebook que son compañeros de clase o del trabajo: En la parte superior haga clic en **Amigos** y luego en **Buscar amigos**, abajo aparecerá un enlace **Buscar Compañeros de Clase** o **Buscar compañeros de trabajo**. En los campos que aparecen, escriba el nombre de la escuela y el año en que acabó sus estudios o el nombre de una empresa respectivamente. A continuación escriba el nombre de la persona que está buscando y haga clic en buscar.

Buscar personas con las que se escribe regularmente a través de correo electrónico basado en un cliente Web: Si posee una cuenta de correo electrónico ofrecida por un servicio Web (como por ejemplo mi_cuenta@gmail.com o mi_cuenta@yahoo.com), puede introducir en Facebook la contraseña de su correo electrónico para que este pueda escanear su libreta de direcciones, y de esa forma establecer coincidencias con las de miembros de Facebook.

Buscar por Preparatoria

Preparatoria:
Nombre de la persona: (opcional)

Buscar Compañeros de Clase

Buscar por universidad

Universidad: Universidad de Córdoba 2008
Nombre de la persona: (opcional)

Buscar Compañeros de Clase

Buscar por compañía

Compañia:
Nombre de la Persona: (opcional)

Buscar compañeros de trabajo

En la parte superior de cualquier ventana de Facebook haga clic en **Amigos**, y a continuación en **Buscar amigos** para mostrar la pestaña del mismo nombre. Si la dirección de correo que Facebook sugiere en esta ventana es la correcta, escriba su contraseña. De no ser así, escriba su dirección de correo electrónico. A continuación, escriba su contraseña. Una vez haya acabado, haga clic en **Encontrar Amigos**. Si Facebook encuentra miembros cuyas direcciones de correo coincidan con las de su libreta de direcciones las mostrará. De no ser así, podrá ver un cuadro de texto en el que se le preguntará si desea intentarlo de nuevo con otra cuenta de correo electrónico.

NOTA No tiene que haberse registrado en Facebook con su cuenta de correo principal para poder usar este método de búsqueda. Por ejemplo, si se ha registrado usando la dirección de correo de su trabajo (por ejemplo yo@miempresa.es) aun puede usar la libreta de direcciones de su cuenta en Gmail.

Encuentra personas con las que intercambias correos electrónicos

Buscar en tu libreta de direcciones es la forma más rápida y efectiva de encontrar a tus amigos en Facebook.

Tu correo electrónico:

Contraseña:

Encontrar amigos

No almacenaremos tu contraseña ni contactaremos con nadie sin tu consentimiento.

Busca a tus contactos de correo electrónico   Cargar archivo de contactos

Buscar en tu libreta de direcciones de correo electrónico es la manera más rápida y eficaz de encontrar a tus amigos de Facebook.

Tu correo electrónico: ejemplo@hotmail.com   ✓ Dirección de correo electrónico válida

Contraseña: Contraseña introducida en Windows live

Encontrar Amigos

Haz clic en "Buscar amigos" para permitir a Facebook acceder a tus contactos de Windows Live. No necesitarás introducir tu contraseña si ya has iniciado sesión en tu cuenta de Windows Live. Después, Facebook te permitirá seleccionar a qué contactos agregar como amigos.

NOTA Tenga en cuenta en todo momento que al introducir la contraseña de su cuenta de correo electrónico en Facebook está proporcionando a este portal una información muy delicada. Después de todo, su contraseña es la llave virtual para acceder a su correo, su libreta de direcciones, y probablemente una gran cantidad de información personal. Aunque Facebook es una plataforma respetable y promete no almacenar esta información, es probable que quiera omitir este paso si todo este asunto le hace sentir incómodo.

Buscar personas con las que habla habitualmente a través de mensajería instantánea: Si usa el cliente de mensajería de AOL (AIM), puede proporcionar su nombre de pantalla y su contraseña a Facebook para que éste busque en su lista de contactos coincidencias con miembros de Facebook. Para hacer esto haga clic en la pestaña **Encontrar amigos** (haga clic en la flecha que apunta hacia abajo que aparece junto a **Amigos** para acceder a ésta). A continuación haga clic en **AIM Instant Messenger** para mostrar los campos **Sobrenombre (Apodo)** y **Contraseña**. Introduzca su nombre de usuario y contraseña, y a continuación haga clic en **Encontrar amigos**.

Facebook mostrará una serie de coincidencias con miembros de Facebook o un cuadro de diálogo en el que le preguntará si desea buscar de nuevo (no

lo haga; si Facebook no encontró coincidencias la primera vez, tampoco encontrará ninguna en la segunda).

Buscar personas con las que se escribe habitualmente a través de correo electrónico usando una lista de contactos: En función del programa de correo electrónico que use, podrá exportar una lista de direcciones de correo electrónico. Ésta puede ser examinada por Facebook para detectar coincidencias con miembros del portal. Para ello, cree un **Archivo de contacto** (una lista de direcciones de correo electrónico separadas por tabuladores o comas). Si necesita ayuda para llevar a cabo este paso, haga clic en la pestaña **Encontrar amigos** (para abrirla haga clic en la flecha que apunta hacia abajo que aparece junto a la pestaña **Amigos**, y seleccione esta opción en el menú que aparece).

A continuación haga clic en **Aplicación de email** para mostrar el campo **Archivo de contacto**. Junto a éste aparece el vínculo **Cómo crear un archivo de contacto**.

Seleccione la ubicación de su cliente de correo electrónico y siga las instrucciones para crear un archivo de contacto. A continuación, indique a Facebook el nombre del archivo de contacto que acaba de crear. Tras esto, Facebook mostrará aquellos miembros de Facebook que coinciden con los de su lista de direcciones o le indicará un vínculo en el que podrá obtener apoyo técnico.

Buscar personas que no son miembros de Facebook

No puede añadir a su lista de amigos a aquellas personas que no sean miembros de Facebook. Pero, digamos que tiene un par de colegas en la vida real que le gustaría que se registrasen en el portal para poder estar en contacto con ellos más fácilmente. Facebook le proporciona un método muy sencillo para invitar a estas personas a que se unan a la plataforma:

1. En la parte superior de cualquier ventana de Facebook haga clic en **Amigos**, y seleccione **Invita a tus amigos**.

2. En la página que aparece escriba las direcciones de correo electrónico de sus amigos separadas por comas. A continuación, añada un mensaje breve y haga clic en **Invitar**. Facebook enviará invitaciones a todas las direcciones que haya incluido en el campo de direcciones.

Si tiene que escribir más de un par de direcciones de correo electrónico considere la posibilidad de que Facebook seleccione éstas directamente de cuenta de correo electrónico, o de un archivo de contacto exportado desde su cliente de correo electrónico.

Buscar nuevos amigos

Uno de los motivos por los que Facebook es tan popular es que le permite establecer relaciones con personas con aficiones e intereses similares a los suyos. ¿Quiere conocer a personas a las que también les gusta su serie de televisión favorita? ¿Qué viven en la misma ciudad? ¿O que quizá comparte sus mismas ideas políticas? Es fácil. Y puesto que Facebook prudentemente limita lo que pueden ver los miembros de los grupos a los que pertenece, ya tendrá algo en común con las personas que busque en Facebook: el lugar en que vive, dónde trabaja o la universidad en la que estudia (o estudió).

Para encontrar otros miembros de Facebook en función de los detalles de su perfil:

1. En la parte superior de cualquier ventana de Facebook, tiene el campo **Buscar**, introduzca sus aficiones, película favorita, o club deportivo y mostrara todas las sugerencias.

2. En la página de resultado clasifique los resultados por **Personas, Páginas, Grupos, Eventos, Aplicaciones**, para ver los perfiles según sus intereses.

NOTA

¿Busca una cita? La característica de búsqueda de Facebook muestra todas las personas que forman parte de su grupo principal, y le permite buscar a través de todas las imágenes de perfil, o buscar a ligues potenciales en función de una serie de criterios como edad, sexo y tipo de relación personal que esté buscando.

Si envía una solicitud de amistad a alguien que normalmente no puede ver su perfil (por ejemplo, porque no pertenece a ninguno de los grupos de los que usted forma parte) Facebook le da permiso temporal a esta persona para que pueda acceder a su perfil para disponer de información, y así aceptar o no su invitación. Si no quiere que la gente disponga de este acceso temporal puede eliminarlo o configurarlo. En la ventana principal de Facebook haga clic en **Privacidad**, y a continuación en **Perfil** (véase capítulo 13).

Invitar a personas a que sean sus amigos

No puede añadir a gente a su lista de amigos de cualquier manera. Estos tienen que ser miembros de Facebook, y además tienen que estar de acuerdo en ser añadidos.

Para pedir a un miembro de Facebook que sea su amigo:

1. Busque a la persona con la que quiere iniciar la amistad.

2. Si en los resultados de la búsqueda aparece la persona que está buscando, haga clic en el vínculo **Agregar a mis amigos** que aparece junto a la imagen de perfil. Si no encuentra a la persona que está buscando puede enviarle una invitación para que se una a Facebook.

3. Rellene el cuadro de confirmación que aparece y haga clic en **Agregar Amigo**. Al hacerlo, Facebook envía automáticamente una invitación a la dirección de correo electrónico de su futuro amigo, y asimismo envía una solicitud de amistad al perfil de éste. Si su amigo confirma la solicitud y responde, bien al correo electrónico o a la solicitud, Facebook añade su nombre a su lista de amigos y viceversa. Asimismo, Facebook también le envía una notificación.

¿Agregar a Pedro como un amigo?

Pedro tendrá que confirmar que son amigos.
Sólo puedes agregar a personas como amigos en Facebook si las conoces.

Agregar un mensaje personal...

Agregar Pedro a una lista de amigos

Si añades a Pedro a tu lista de amigos, podrá ver tu perfil.

[Agregar Amigo] [Cancelar]

Si no puede ver el vínculo para añadir a una persona como amigo es porque ésta ha seleccionado en su configuración de privacidad que no desea recibir solicitudes de este tipo. Para más información véase el capítulo 13.

Responder a las solicitudes de amistad

Cuando alguien intenta añadirle a usted a su lista de amigos suceden dos cosas. En primer lugar Facebook le envía una invitación a su correo electrónico, y en segundo lugar coloca un aviso en su perfil en el que se indica que ha recibido una solicitud de amistad.

Con el objetivo de apoyar las relaciones sociales educadas, Facebook no da a sus miembros una forma explícita de rechazar las solicitudes de amistad, si bien éstos pueden ignorarlas. Si ha enviado una solicitud de amistad, y no ha sabido nada de la persona a la que se la ha enviado en varios días, pruebe a enviar a esta persona un mensaje, o bien déle un toque. Si aun así no recibe respuesta, probablemente se deba a que esta persona no quiere ser su amiga.

Llegados a ese punto, tiene dos opciones. Puede confirmar la solicitud o ignorarla, tanto a través de Facebook como de su cliente de correo electrónico.

Confirmar solicitudes recibidas a través de correo electrónico

Si usted es de esas personas que comprueba su correo electrónico cada hora (o cada cinco minutos), pero sólo accede a Facebook cada dos o tres días, probablemente querrá gestionar las solicitudes de amistad a través de su cliente de correo electrónico. Para ello siga los siguientes pasos:

1. Busque en su correo electrónico un mensaje con el asunto "[Alguien] te ha confirmado como su amigo en Facebook".

2. Abra este correo y haga clic en el vínculo de confirmación. Al hacer esto se abrirá la página de Facebook en la que podrá confirmar esta amistad.

Confirmar solicitudes a través de Facebook

Algunas personas entran a Facebook cada vez que están delante de un ordenador. Es mucho más fácil responder a las solicitudes de amistad desde Facebook que tener que abrir su cliente de correo electrónico y buscar invitaciones en la bandeja de entrada. Para confirmar una solicitud de amistad desde la interfaz de Facebook:

1. Vaya a la página de inicio de Facebook (haga clic en la palabra **Facebook** que aparece en la esquina superior izquierda), y haga clic en el vínculo **Solicitud de amigo**. Este vínculo aparece en la parte superior derecha de su página derecha, bajo el encabezado **Solicitudes** (si no tiene ninguna solicitud de amistad no aparecerá esta sección).

2. Asegúrese de que quiere aceptar la solicitud, y a continuación haga clic en **Confirmar**. Si nunca ha oído hablar de esta persona, el mensaje que ha recibido no tiene sentido, o no tiene nada en común con ésta, entonces probablemente querrá hacer clic en el nombre de este usuario para comprobar su perfil y saber quién es en realidad.

Edite su configuración de privacidad para limitar los detalles personales que podrá ver su nuevo amigo (véase capítulo 13). Puede que quiera hacer esto si está moviéndose en varios círculos sociales dentro de Facebook, y no quiere que éstos se mezclen entre sí. Por ejemplo, si la solicitud de amistad procede de su jefe, quizá no quiera que éste pueda ver la información relacionada con sus ideas políticas o las fotos de la fiesta del sábado pasado.

3. En el cuadro de confirmación que aparece, debe seleccionar la casilla que mejor describa su relación con esta persona (si lo desea). En función de la casilla que seleccione Facebook puede mostrar campos extra (opcionales), con los que puede describir en mayor detalle su relación. Si por ejemplo selecciona **Trabajamos juntos**, Facebook mostrará un campo en el que podrá indicar que ha trabajado durante cinco años con esta persona, y que sigue haciéndolo para Industrias Acme.

NOTA

Si no quiere que el mundo sepa cómo conoció a esta persona, en la parte inferior de la pantalla haga clic en Omitir este paso en lugar de seguir los pasos 3 y 4. Seguirán siendo amigos, pero Facebook no mostrará cómo se conocieron.

¿Cómo conoces a Juan Pérez?

- [ ] Vivimos juntos
- [ ] Trabajamos juntos
- [ ] Fuimos juntos a la escuela
- [ ] Viajamos juntos
- [ ] A través de una organización, equipo o grupo.
- [ ] En mi familia
- [ ] A través de un amigo
- [ ] Salimos juntos
- [ ] Otro

[Solicitar Confirmación] [Cancelar]

4. En la parte inferior de la pantalla haga clic en **Omitir este paso**. Tan sencillo como esto. Ya tiene un amigo en Facebook.

NOTA

Los detalles que indique en este cuadro son los que van a configurar su Cronología social.

NOTA

Si quiere que su amigo confirme los detalles de su relación haga clic en Solicitar confirmación en lugar de en Omitir este paso (los detalles de las relaciones confirmadas aparecen en ambas listas de amigos en negro, las que no están confirmadas en gris).

TRUCO

Para ver lo que tiene en común con su nuevo amigo sólo tiene que hacer clic en Ver su perfil y buscar la sección Amigos mutuos (aparece bajo la fotografía de perfil).

Ignorar una solicitud de amistad

Al igual que en la vida real, en Facebook habrá ocasiones en las que alguien le extenderá una mano y usted no querrá estrecharla. Después de todo, confirmar una solicitud de amistad no permite a su nuevo amigo el acceso a grandes cantidades de información sobre su vida personal. Sólo indica al resto del mundo que conoce bastante a esta persona para llamarla su amigo. Si recibe una solicitud de amistad de alguien del que nunca ha oído hablar, o cuya fotografía de perfil da tanto miedo que lo único que quiere hacer es cerrar su puerta virtual, todo lo que tiene que hacer es eliminar tranquilamente todos los rastros de la solicitud, y continuar con su vida.

Para hacer esto:

1. Acceda a Facebook. No haga clic en el vínculo que aparece en el correo de confirmación que recibió, o confirmará la amistad.

2. En la sección de notificaciones de su página de inicio de Facebook haga clic en el vínculo de **Solicitud de amigos**.

3. En el cuadro de diálogo que aparece, haga clic en **Ignorar.** Esto es todo lo que tiene que hacer. Facebook eliminará inmediatamente el vínculo de solicitud de amistad que aparece en su página de inicio.

> **NOTA** La persona que le envió la invitación no recibirá ninguna notificación por su parte de que ha sido ignorado.

4. Elimine el correo electrónico de solicitud de amistad desde su cliente de correo.

Ver a sus amigos

Facebook muestra de forma automática en la sección **Amigos** de su perfil a seis personas elegidas al azar de los grupos a los que pertenece.

Para ver más de esos seis amigos que aparecen en su perfil (o ver más detalles sobre cada uno de esos amigos) cuenta con varias opciones. Puede:

⬧ Ver a todos sus amigos a la vez: Para hacer esto, vaya a la sección de **Amigos** dentro de su perfil, y haga clic en **Todos los amigos**. Al hacerlo, Facebook mostrará la lista del mismo nombre (si está seguro de que tiene más amigos que no aparecen en esta lista, asegúrese de que está seleccionada la pestaña **Todos**).

![Captura de pantalla de Listas de amigos]

- Ver a aquellos amigos que han modificado su perfil recientemente: En la lista **Todos los amigos** haga clic en la pestaña **Actualizados recientemente**.

- Ver aquellos amigos que han actualizado su perfil recientemente: En la lista **Todos los amigos** haga clic en la pestaña **Actualizaciones de estado** para ver el estado más reciente de sus amigos.

- Ver a sus amigos independientemente del grupo al que pertenecen, o bien ver a sus amigos de la universidad, del trabajo, o amigos que viven cerca: En la lista **Todos los amigos** seleccione en el menú desplegable que aparece un grupo específico (para ver las personas que pertenecen a éste), compañeros de universidad, amigos del trabajo, etc.

Organizar a sus amigos

Las opciones que Facebook le ofrece para visualizar a sus amigos son de utilidad si sólo tiene un par de amigos. Pero si usted es el centro de un gran número de redes sociales, con docenas o incluso cientos de amigos, probablemente querrá organizarlos en listas separadas que reflejen cómo éstos están organizados en su mente.

> **NOTA**
>
> Al seleccionar un campo como compañeros de universidad, amigos del trabajo o similares, Facebook muestra un campo extra que pude usar parar mostrar a aquellas personas que sólo pertenecen a una empresa concreta, a una universidad o a una localidad específica.

Por ejemplo, imagine que además del grupo de personas que pertenecen a su trabajo, pertenece a un club de lectura, una liga de fútbol y un programa de desintoxicación para dejar de beber. Al crear cuatro listas separadas podrá seguir todas sus actividades sociales. Y puesto que Facebook le permite enviar el mismo mensaje a todos los miembros de una misma lista, e incluso invitar a todo el mundo de una lista a que se una al mismo grupo o evento, crear listas de amigos por separado le va a permitir comunicarse con sus amigos más rápidamente, al mismo tiempo que reduce el riesgo de que las diferentes facetas de su vida choquen entre sí.

Crear una nueva lista de amigos

Facebook le permite crear hasta 100 listas de amigos diferentes, cada una de las cuales puede incluir hasta 1.500 nombres (obviamente, a menos que usted sea un político, es muy poco probable que necesite tantas). A continuación le indicamos cómo crear una nueva **Lista de amigos**:

1. En la parte superior de cualquier ventana de Facebook haga clic en **Amigos** y después haga clic en **Crear Lista Nueva**.

> **NOTA**
> Las listas fueron diseñadas para ayudar a gestionar un gran número de amigos, por lo que no verá la opción Crear una lista nueva a menos que tenga 11 amigos o más en Facebook.

2. En el campo que aparece escriba un nombre para su lista y pulse **Intro**. En el ejemplo que aparece a continuación el nombre de la lista es "universidad".

3. Añada los nombres de algunos amigos a la lista. La forma más fácil de hacer esto es haciendo clic en **Seleccionar varios amigos**, y a continuación haciendo clic en los amigos que quiere añadir desde la lista de imágenes en miniatura (al hacer clic sobre una imagen se vuelve azul, lo que quiere decir que está seleccionada; si hace clic de nuevo se deseleccionará). Una vez haya acabado haga clic en **Guardar lista**. Su lista recién creada aparecerá en la página **Todos los amigos**.

> **NOTA**
> Otra opción es hacer clic en el campo Agregar a lista y escribir los nombres uno a uno.

NOTA

Puede añadir el mismo nombre a varias listas de amigos.

Ver una lista de amigos

Las listas de amigos sólo pueden ser vistas por usted (eso quiere decir que sus amigos no podrán ver nunca si usted les ha añadido a ellas o no). Para ver todos los amigos de una lista en concreto:

1. En la parte superior de cualquier ventana de Facebook haga clic en **Amigos.**

2. En la sección izquierda de la página que aparece haga clic sobre el nombre de la lista que quiere ver. Facebook mostrará los nombres de aquellas personas que haya añadido a esa lista.

Editar una lista de amigos

Tanto en el mundo real como en la Red, los círculos sociales varían a lo largo del tiempo. Una vez haya creado una lista de amigos, puede cambiar su nombre y añadir o quitar amigos de ésta.

Para cambiar el nombre de una lista:

1. En la parte superior de cualquier ventana de Facebook haga clic en **Amigos.**

2. En la sección derecha de la página que aparece haga clic en el vínculo **Editar** que aparece junto al nombre de la lista que desee editar.

3. En el campo que aparece escriba el nuevo nombre de la lista. Una vez haya terminado, pulse **Intro.**

Para añadir amigos a una lista ya existente tiene que seguir los mismos pasos que para añadirlos a una lista nueva.

Para eliminar amigos de una lista:

1. En primer lugar, acceda a la lista.

2. Busque el amigo que quiere eliminar de la lista y seleccione la X que aparece a la derecha del nombre de éste. A continuación, en el cuadro de diálogo de confirmación que aparece haga clic en **Remover de lista**.

Eliminar una lista de amigos

Quizá tras haber creado una lista de amigos descubra que nunca ha llegado a usarla. O quizá el número de amigos de ésta se redujo hasta la nada.

Sea cual sea el motivo, eliminar una lista es muy sencillo:

1. Acceda a la lista que desea eliminar.

2. Baje hasta el final de la lista y haga clic en **Borrar esta lista**. A continuación, en el cuadro de diálogo de confirmación que aparece, haga clic en **Eliminar de la lista**.

Finalizar amistades: romper con sus amigos

Terminar una relación nunca es fácil, aunque a veces es algo que no queda más remedio que hacer. Digamos que uno de sus amigos en Facebook le está molestando todo el día al incluir comentarios poco apropiados en su muro, o enviando *spam* a todos sus amigos. En este caso, no queda otra opción que eliminar a esta persona de su lista de amigos. Para ello:

1. En su **Lista de amigos** seleccione el nombre o la foto de la persona con la que quiere romper la relación. Facebook mostrará el perfil de este usuario.

2. Baje hasta la parte inferior del perfil y haga clic en **Eliminar de mis amigos** (este vínculo no aparece para aquellos usuarios que no son amigos). Una vez cumplido este paso, ya no serán amigos.

A diferencia de lo que sucede cuando se ignora la solicitud de un amigo, al eliminar a alguien de su **Lista de amigos** se está enviando un mensaje muy claro. Puesto que la amistad en Facebook es recíproca, al eliminar un amigo de su lista, usted desaparece al mismo tiempo de la lista de su amigo.

Si en algún momento quisiéramos volver a ser amigos de esa persona, la cual acabamos de eliminar, tendremos que repetir el proceso de confirmación de amigos.

CAPÍTULO

4

ENVIAR MENSAJES A AMIGOS

Al igual que con su cliente de correo electrónico habitual, con Facebook puede enviar mensajes privados a otros usuarios de la plataforma. Seguramente pensará: "Genial, lo último que necesitaba: otra bandeja de entrada que comprobar". Pero antes de que vaya directamente al siguiente capítulo, puede que quiera dar una oportunidad a estas herramientas. En primer lugar, Facebook hace que intercambiar mensajes sea muy sencillo (incluso más que con el correo electrónico). Y además cuenta con una serie de opciones para estar en contacto con otras personas (algo raras pero muy adictivas) que ningún programa de correo electrónico puede igualar. Haciendo un esfuerzo en imitar las diferentes formas en que interactuamos con otras personas en la vida real, Facebook le permite "dar un toque" (enviar un "Hola ¿qué tal?" virtual), escribir mensajes en sus pizarras virtuales, e incluso enviar regalos digitales. Y si todo esto aún no le ha convencido, tenga en cuenta que merece la pena entender el sistema de mensajería de Facebook, pues lo más probable es que muy pronto reciba un mensaje en Facebook de uno de sus amigos.

Enviar mensajes

Un gran número de páginas Web ofrecen cuentas de correo electrónico gratuitas, y en cierto modo, Facebook es una de estas páginas. Como miembro de Facebook, puede enviar mensajes privados a cualquier otro miembro de Facebook (estén o no en su lista de amigos), así como a cuentas de correo electrónico. Sin embargo, sólo otros miembros de Facebook pueden enviarle mensajes. Es decir, cuando usted se registra en Facebook no recibe una cuenta del tipo sunombre@ facebook.com. Es necesario que la gente se registre en Facebook y siga los pasos que aparecen a continuación si desean enviar un mensaje a su bandeja de entrada.

NOTA Facebook permite un acceso limitado a su perfil (de forma temporal) a los destinatarios de sus mensajes, incluso aunque normalmente no puedan acceder a él (porque, por ejemplo, los haya Bloqueado). Para evitar este acceso, o configurarlo según sus preferencias, en la parte superior derecha de cualquier ventana de Facebook haga clic en **Privacidad**, y a continuación en **Perfil**.

Enviar mensajes a sus amigos

Obviamente, la mayoría de mensajes que envíe serán a personas a las que ya conozca. Facebook le proporciona un conjunto de herramientas muy sencillo y familiar para cualquier persona que haya usado el correo electrónico anteriormente. Siga los siguientes pasos:

1. En la parte superior de cualquier ventana de Facebook haga clic en **Bandeja de entrada**. En el menú desplegable que aparece, seleccione **Redactar un**

mensaje. Otra opción es hacer clic en **Mensajes**, y en la pestaña que aparece, seleccionar **Redactar un mensaje**.

2. En la pestaña **Redactar mensaje nuevo** escriba, en primer lugar, el nombre de su amigo (si es un miembro de Facebook), su dirección de correo electrónico (si no es miembro), o un nombre de la **Lista de amigos**. En el momento en que empiece a escribir, Facebook mostrará una lista de las personas de su lista de amigos. Para seleccionar un nombre, haga clic sobre él, o pulse las teclas **Flecha arriba** y **Flecha abajo** para seleccionar el nombre. Por último, pulse **Intro**. Si está enviando un mensaje a una persona que no es miembro de Facebook, sólo tiene que incluir la dirección de correo electrónico de esta persona. Puede añadir varios destinatarios si así lo desea. Para ello sólo tiene que pulsar la tecla **Tab** después de cada destinatario, y Facebook se encargará del resto.

¿Por qué querría usted usar Facebook para enviar un mensaje a alguien que no es miembro de la plataforma? Por dos razones: en primer lugar, puede que se encuentre dentro de Facebook, y no quiera perder el tiempo en abrir su cliente de correo electrónico (o quizá no pueda porque esté usando el ordenador de un amigo); en segundo lugar, puede que quiera atraer a su amigo a su red social de Facebook mostrándole lo adictivo que puede llegar a ser esta página. Cuando su amigo hace clic en el

vínculo **Haga clic para responder** que aparece en su correo, aparecerá una página de Facebook en el que éste podrá visualizar sus mensajes, así como obtener más información sobre la página y sobre cómo registrarse.

Después de haber añadido un destinatario, puede eliminarlo haciendo clic en la "X" que aparece después de cada nombre, o pulsando la tecla **Supr**.

Para:	Pedro López ✕
Asunto:	
Mensaje:	
Adjuntar:	🎥 Grabar vídeo 🔗 Compartir enlace

Enviar   Cancelar

3. Rellene la línea **Asunto**, y a continuación escriba su mensaje. A continuación, si lo desea puede incluir un vínculo a su página Web (o a una imagen o vídeo de la Red). Para ello haga clic en **Compartir dirección**. Una vez terminado, haga clic en **Enviar**.

4. Si aparece un cuadro de diálogo de seguridad como el de la imagen a continuación, escriba el código de seguridad que aparece y haga clic en **Enviar.** Facebook enviará su mensaje y almacenará una copia en la pestaña Mensajes enviados.

Los cuadros de diálogo de seguridad aparecen algunas veces cuando se envía un mensaje, una solicitud de amistad, o un toque. Éstos evitan que cualquier persona use un programa informático para enviar mensajes no deseados. Los ordenadores no son lo suficientemente listos para descifrar las palabras que muestra Facebook, por lo que al teclear éstas usted demuestra que es una persona real y no una máquina.

Enviar mensajes a personas que (aún) no son amigos suyos

Facebook le permite enviar un mensaje a cualquier miembro de Facebook, incluso aunque éste no aparezca en su lista de amigos, ni pertenezca a ninguno de los grupos de los que forme parte.

Para enviar un mensaje a un miembro de Facebook que no es su amigo:

1. Vaya al perfil de la persona con la que quiere contactar, o bien al nombre de ésta en su página de búsqueda.

2. Haga clic bien en **Enviar un mensaje a [nombre]** (desde el perfil de esta persona) o en **Enviar mensaje** (desde la página de búsqueda). Sea cual sea el vínculo en el que haga clic, aparecerá la pestaña **Redactar mensaje**. Escriba su mensaje y envíelo tal y como se ha detallado en las páginas anteriores.

NOTA

Sólo hay una excepción a esta norma: si un miembro de Facebook le bloquea, no podrá contactar con él a través de Facebook (sea a través de un mensaje, de un toque, o de cualquier otra forma).

Enviar un mensaje a más de una persona

Facebook fue diseñado para ayudar a la gente a que se comunicase con otras del mismo modo que en la vida real. Por ello, es fácil enviar un mensaje a una persona, pero es un poco más complicado enviar ese mismo mensaje a muchas personas a la vez. El equipo de diseño de Facebook pensó: "Si seguimos ese camino, entonces estamos hablando de *spam*". Después de todo ¿cada cuántos días se saca en la vida real un megáfono del armario para dirigirse a una multitud?

NOTA

Otra excepción a la regla anti-spam es que Facebook le permite enviar el mismo mensaje a todos los miembros de un **Grupo**. Sin embargo, incluso en ese caso, Facebook limita, en teoría, el número de destinatarios del grupo a 1.000 (decimos en teoría porque Facebook ha suspendido las cuentas de personas que han enviado mensajes a muchas menos de 1.000 personas).

Para enviar el mismo mensaje a varios amigos a la vez, en primer lugar tiene que crear una **Lista de amigos**. A continuación, en la pestaña **Redactar mensajes**, escriba el nombre de la lista en el campo **Para**.

Recibir mensajes

Cuando alguien envía un mensaje a través de Facebook suceden dos cosas:

- **Recibe ese mensaje en su bandeja de entrada de Facebook:** Para abrirla, haga clic en **Bandeja de entrada**, dentro de la pestaña **Amigos**. A continuación haga clic en la línea de asunto de cualquier mensaje para ver su contenido.

- **Recibe ese mensaje en su cuenta de correo electrónico:** Facebook envía el mensaje a su cuenta de correo principal.

NOTA

Su cuenta de correo principal es la que usó cuando se registró en Facebook (a menos que la haya modificado desde entonces). Para modificarla, en la parte superior de cualquier ventana de Facebook haga clic en **Configuración**, y a continuación en **Correo electrónico de contacto**.

Juan Pérez te ha enviado un mensaje a través de Facebook...

De: **Facebook** (notification+pzhedehf@facebookmail.com)
        ⊙ Es posible que no conozcas a este remitente.   Marcar como seguro | Marcar como no seguro
Enviado: jueves, 06 de noviembre de 2008 11:31:47
Para: Pedro López (patillas_01@hotmail.es)

Juan te ha enviado un mensaje.

(sin asunto)

"dfgd"

Para responder a este mensaje, sigue este enlace:
http://www.facebook.com/n/?inbox/readmessage.php&t=1004692492676

NOTA

Si pasa mucho tiempo usando la plataforma y comprueba habitualmente la bandeja de entrada de Facebook, lo más habitual es que no quiera recibir también los mensajes de Facebook en su cuenta de correo electrónico principal. Para recibir estos mensajes tan sólo en el buzón de mensajes de Facebook, en la parte superior de cualquier ventana de Facebook haga clic en Configuración. En la ventana que aparece, haga clic en la pestaña Notificaciones. Por último, donde indica Recibir correo electrónico en [correo] cuando alguien: Me manda un mensaje, seleccione Apagado.

Acceder a su bandeja de entrada en Facebook

Es muy fácil saber si tiene un nuevo mensaje en Facebook, incluso sin acceder a su bandeja de entrada. Simplemente eche un vistazo al menú principal de color azul que aparece en la parte superior de cualquier ventana de Facebook. Si aparece un número junto a la palabra **Bandeja de entrada**, tendrá ese número de mensajes nuevos. Haga clic en **Buzón de mensajes** para verlo.

Facebook coloca un enorme punto azul junto a los mensajes no leídos, que además aparecen resaltados en azul claro. Puede elegir entre ver una lista en la que sólo aparezcan los mensajes que ya ha leído, sólo los que no ha leído, o todos sus mensajes (los verá, a menos que usted elija una opción específica en el menú desplegable). Al hacer clic sobre el nombre del remitente o sobre su fotografía, aparecerá el perfil de éste, lo que es muy útil si no sabe exactamente de quién se trata.

> **NOTA**
>
> Si aparece una flecha pequeña que apunta hacia la derecha junto a un mensaje quiere decir que ya lo ha respondido. Si hace clic en la X que aparece a la derecha del mensaje eliminará la conversación a la que pertenece (una conversación es un conjunto de mensajes con el mismo asunto).

> **NOTA**
>
> Una de las mejores características de la bandeja de entrada de Facebook es que, al mostrar un mensaje que ocupa el último lugar en una conversación muy larga, Facebook le lleva hasta el último mensaje. Es decir, no tiene que leer a lo largo de todo el correo electrónico para poder leer la última respuesta.
>
> Para enviar una respuesta a un mensaje, sólo tiene que escribir su mensaje en el cuadro de diálogo **Responder**, y hacer clic en **Enviar**.

Leer y responder a mensajes

Para leer un mensaje en su bandeja de entrada, haga clic en el asunto de éste o en la primera línea del mensaje, y Facebook lo mostrará por completo.

Dar toques

Dar un toque a alguien en Facebook no es sino el equivalente electrónico a decirle a alguien "Hola ¿cómo estás?". Los toques aparecen como un mensaje que dice "**Te ha dado un toque**" en la página de inicio del destinatario.

Toques
Te ha dado un toque:
Juan Pérez - devolver el toque | Eliminar

Los toques (al igual que cuando alguien se acerca a otra persona por detrás y le da un golpecito en el hombro) no sirven para mucho más allá del mero saludo. Dependiendo de su tolerancia y de la de sus amigos, los toques podrían otorgarle los premios de Mayor pesado o Persona más molesta del mundo. Si le gustan este tipo de cosas, comprobará que las Notificaciones son similares, aunque más útiles.

Puede darle un toque al miembro de Facebook que quiera. Es decir, no tiene que ser amigo de esta persona, ni pertenecer al mismo grupo. Pero si le da un toque a alguien que normalmente no tiene acceso a su perfil, asegúrese de que éste sea capaz de verlo (a menos que en Facebook indique lo contrario de forma específica). Aunque permitir que alguien que la haya dado un toque vea su perfil no suele ser un problema. Después de todo, si está preocupado porque alguien descubra su pasión por el Fary, no debería haberle dado un toque en primer lugar.

Para dar un toque:

1. Busque la persona a la que quiere enviar un toque en su lista de amigos, o bien use el cuadro de diálogo **Buscar** de Facebook.

2. Haga clic en el vínculo **Dar un toque a** que aparece en el perfil del recipiente o en su lista de amigos. En su lista de amigos tendrá que expandir la casilla de esta persona para poder ver el vínculo.

3. Si aparece un cuadro de diálogo de seguridad, escriba las palabras que aparecen en éste y haga clic en **Dar un toque**. Verá un mensaje que aparecerá brevemente, y que dirá **Le ha dado un toque a [nombre]**. Con esto, el daño estará hecho. Su toque aparecerá en la página de inicio del destinatario, junto con un vínculo que esta persona podrá utilizar para devolverlo.

Escribir en un muro

Una de las secciones que aparece en el perfil de todos los miembros de Facebook es un foro llamado **Muro**. Un muro es un lugar en el que sus amigos de Facebook pueden compartir fotografías de interés, vídeos, páginas Web, etc. Por defecto, los únicos muros en los que puede escribir son el suyo propio y en el de sus amigos. Pero puesto que los muros son parte de los perfiles, cualquiera que pueda ver su perfil podrá ver los mensajes que aparezcan en el muro. Los muros son como la versión del siglo XXI de las pizarras blancas que solían colgar en los dormitorios comunes de las universidades. Éstas se solían usar como un lugar informal para fanfarronear, insultar, apoyar a alguien, llamar la atención, y a veces, incluir información de utilidad.

 Si comprueba su directorio de **Aplicaciones** encontrará varias aplicaciones de Facebook que le permitirán añadir imágenes, vídeos e incluso "pintar con spray" en los muros de sus amigos.

 Las bromas de los amigos pueden irse de la mano a veces. Por ello, Facebook le permite eliminar cualquier cosa que aparezca en el muro que le moleste, así como restringir las personas que pueden ver el contenido de su muro.

Escribir en el muro de un amigo

Escribir en el muro de un amigo es una forma más pública de dirigirse a una persona que enviar un mensaje a un amigo, puesto que todos los amigos de sus amigos verán los mensajes de su muro. Los mejores candidatos para los mensajes en el muro son los agradecimientos, las felicitaciones, los mensajes de cumpleaños y otros chismes que sus amigos comunes pueden encontrar interesantes o de utilidad.

Para escribir en su propio muro, siga los pasos que aparecen a continuación, pero diríjase a su propio perfil en lugar de al de un amigo.

Para escribir en el perfil de un amigo:

1. En el perfil de su amigo, busque la sección **Muro**, donde debería aparecer un cuadro de diálogo que diga **Escribe algo**... Si no puede verlo, no ha tenido suerte. Su amigo ha restringido el acceso a su muro.

2. Escriba su mensaje en el cuadro de texto.

3. Si quiere añadir un vínculo a una imagen en la red, un vídeo, o una página Web, haga clic en **Compartir enlace**, y a continuación haga clic en **Publicar**. No puede utilizar este método para compartir fotos o vídeos almacenados en su ordenador. Tienen que estar publicados en la Red. Para subir fotos desde su disco local, véase el capítulo 10.

 Si lo desea, puede omitir el **http://** de las direcciones Web, ya que Facebook lo añade automáticamente.

4. Si ha decidido compartir un vínculo, elija la imagen en miniatura que quiera adjuntar a su vínculo. Facebook incluye una descripción de la página, así como una serie de vistas en miniatura del sitio entre las que elegir. Para omitir el gráfico, seleccione la casilla **Sin foto**.

 Si cambia de idea sobre compartir un vínculo, haga clic en **Eliminar**.

5. Haga clic en **Publicar**. Su mensaje aparecerá en el muro de su amigo.

> **NOTA**
> Algunas aplicaciones de Facebook le permiten añadir extras a los mensajes que publique en los muros. Por ejemplo, la aplicación Graffiti le permite decorar el muro de su amigo con un spray de pintura virtual.

Responder a un mensaje publicado en un muro

Cuando alguien escribe algo en su muro, puede dejarlo tal y como está. Pero también tiene la opción de responder a su amigo siguiendo una de las formas que aparece a continuación:

Escribir algo en el muro del remitente: Al hacer clic en Muro a Muro se muestra el historial de sus mensajes y los de su amigo en los muros de ambos. Asimismo, le permite añadir un nuevo mensaje. Si simplemente hace clic en el vínculo Escribe algo..., se omitirá este historial, y podrá enviar un mensaje directamente.

Enviar al remitente un mensaje privado de Facebook: Haga clic en Bandeja de entrada.

Eliminar el mensaje: Puede publicar cualquier mensaje que desee de su propio muro, independientemente de la persona que lo publicó. Para hacerlo, sólo tiene que hacer clic en **Eliminar**, y en el cuadro de confirmación que aparece, hacer clic de nuevo.

> **NOTA**
> También puede publicar los mensajes que haya publicado en el muro de un amigo. Para ello, acceda al perfil de su amigo, busque la sección en la que aparezca el mensaje que quiere eliminar, y haga clic en Eliminar.

Enviar regalos

Un regalo de Facebook es un icono, similar a una tarjeta de felicitación, que puede enviar a alguien, junto con un mensaje personal. Puede elegir entre cientos de gráficos diseñados por profesionales (la mayoría de ellos similares a emoticones o a ositos de peluche). Tras enviar el regalo, éste aparecerá en el perfil del destinatario (en la sección **Regalos**, en el **Muro** del destinatario o en ambos, dependiendo de si decide que el regalo sea público o privado).

Al igual que los toques, los regalos son detalles simpáticos, sin otro objetivo que el de hacer sonreír a la gente.

Facebook le permite enviar un regalo de forma gratuita. A continuación, tendrá que pagar, por lo general, un euro.

Para enviar a alguien un regalo:

1. En la parte superior de cualquier ventana de Facebook haga clic en **Amigos**. A continuación, seleccione la persona a la que quiere enviar un regalo, y haga clic en **Dar un regalo**.

2. En la página que aparece, seleccione el regalo que desea enviar y haga clic sobre él. Si no encuentra nada que le guste, haga clic en **Siguiente** para ver más regalos.

3. Una vez haya seleccionado su regalo, tiene la opción de seleccionar el destinatario, así como la posibilidad de incluir un mensaje para éste.

4. Decida si su regalo puede ser visto por cualquier persona. Nadie va a avergonzarse por un regalo como "Feliz Cumpleaños Ana" o "Buen Viaje", pero algunos de los iconos más personales podrían causar problemas al destinatario, sobre todo si usa Facebook para ligar o para gestionar sus negocios. En caso de duda, elija **Privado**. Al enviar un regalo

de forma privada, todo aquel que pueda ver el perfil del destinatario podrá ver el regalo, pero sólo el destinatario podrá leer el mensaje que lo acompaña.

5. Haga clic en **Continuar**.

6. Introduzca la información de su tarjeta de crédito, y a continuación haga clic en **Comprar créditos para regalos**. Recuerde que la primera vez que envíe este regalo no se le pedirá esta información, ya que Facebook permite enviar un regalo de forma gratuita.

Añadir forma de pago:

Nombre del titular de la tarjeta:	
Tipo de tarjeta de crédito:	Visa ▼
Número de tarjeta de crédito:	
Fecha de caducidad:	01 ▼ 2008 ▼
Código CSC:	(¿Que es esto?)
País:	Argentina ▼
Dirección:	
Dirección	
Ciudad/población:	
Estado/provincia/región:	
Código postal:	

☑ Guardar esta información para futuras compras por Facebook.

Total: $5,00 USD

Compra créditos para regalos   o Cancelar

7. En el cuadro de confirmación que aparece, compruebe que todo es correcto, y si es así, haga clic en **Mandar regalo**. Si desea hacer cambios sólo tiene que hacer clic en **Editar regalo**. Tras el envío, aparecerá un cuadro en el que se indicará que el regalo ha sido enviado, junto con un vínculo en el que podrá ver el regalo en el perfil del destinatario.

5

INTERCAMBIAR ACTUALIZACIONES AUTOMÁTICAS

¿Recuerda lo que suponía seguir en contacto con sus amigos? Correos electrónicos que requerían mucho tiempo, tanto escribir como leer ("Siento no haber escrito en tanto tiempo..."), mensajes instantáneos molestos ("¿hola?, ¿estás ahí?"), e incluso la ocasional visita en persona. No más. Gracias a las herramientas de suscripción y publicación de Facebook, de fácil configuración, permanecer en contacto con otras personas es más sencillo que nunca. Las **Suscripciones** y las **Notificaciones** le alertan cuando, por ejemplo, su mejor amigo publica una nueva imagen, su entrenador personal sale del trabajo, o su compañero de clase publica su estudio sobre Macbeth. En este capítulo le enseñaremos tanto a subscribirse como a configurar estas actualizaciones de gran utilidad.

Tipos de actualizaciones

Facebook le ofrece cuatro formas de obtener información sobre sus amigos. Tres de ellas (**Noticias en vivo, Mini-Noticias** y **Notificaciones**) aparecen de forma automática (en su página de inicio, en su perfil y en su bandeja de entrada de notificaciones respectivamente).

NOTA

Aunque las noticias en vivo, las mini-noticias y las notificaciones están integradas en su cuenta, Facebook le permite configurar la información que puede ver en cada una de ellas. Siga leyendo para saber más.

Si prefiere mantenerse en contacto con sus amigos sin tener que acceder a Facebook, puede subscribirse a un tipo de canal electrónico llamado **suscripción**.

NOTA

Facebook le ofrece otro tipo de actualización automática. Ésta le indica cuando se aproxima el cumpleaños de un amigo. Si comprueba la sección Cumpleaños de su página de inicio (en la parte derecha de ésta) cada vez que acceda a la plataforma, nunca se olvidará de felicitar a un amigo en su cumpleaños.

Noticias en vivo: ¿Qué están haciendo mis amigos?

Las **Noticias en vivo** son listas, continuamente actualizadas, de las cosas que sus amigos de Facebook están haciendo en la página: instalar aplicaciones, escribir en muros, publicar comentarios en notas e imágenes, etc. Las noticias en vivo aparecen de forma automática en su página de inicio, en la parte superior, en el centro (no tiene que hacer nada en concreto para poder verlas). Facebook no le permite eliminarlas, aunque tiene la opción de configurarlas para mostrar aquellas actividades o amigos en las que está más (o menos) interesado.

Configurar noticias en vivo

En todos los círculos sociales se tiende a tener amigos más cercanos que otros. Si prefiere centrarse en las actividades de sólo dos o tres amigos (o simplemente omitir la conversación sobre quién sale con quién esta semana, y centrarse en los grupos y eventos en los que participan sus amigos), puede hacerlo configurando sus noticias en vivo. Para ello:

1. En su página de inicio, vaya a la sección **Noticias en vivo**, y haga clic en **Opciones para noticias**.

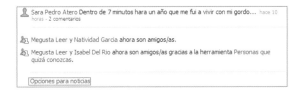

2. En la página que aparece puede indicar a Facebook aquellos contenidos que quiere que aparezcan más en la sección de noticias, así como aquellos que quiere que aparezcan menos. Arrastre los botones hacia arriba para ver más noticias relacionadas con eventos, grupos, etc. Arrastre los botones hacia abajo si quiere ver menos.

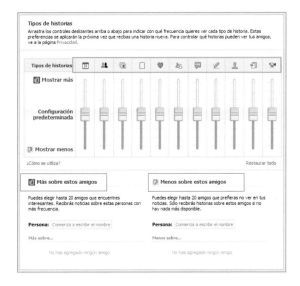

Para recibir más noticias sobre determinados amigos, vaya a la sección **Más sobre estos amigos**, en la parte inferior izquierda de la página. Escriba aquí el nombre de un amigo y haga clic en **Añadir**. Para recibir menos noticias sobre algunos amigos, haga lo mismo en la sección **Menos sobre estos amigos**, que aparece en la sección inferior derecha. Cada vez que haga un cambio, Facebook mostrará un mensaje temporal (**Configuración guardada**). Si deshace el cambio haciendo clic en **Deshacer lo último** verá el mensaje **Preferencias restauradas**.

 NOTA Las noticias en vivo funcionan en ambos sentidos. Facebook sigue la pista de sus actividades en la página, y las incluye en las noticias de sus amigos. Para saber más sobre cómo evitar que algunas de las cosas que hace aparezcan en las noticias de sus amigos, vaya a la parte final de este capítulo.

Noticias: ¿Qué estoy haciendo?

Las noticias en vivo resumen las actividades que sus amigos están llevando a cabo en Facebook. Del mismo modo, las noticias (que aparecen en su perfil) registran todo lo que usted hace en Facebook. Cualquier persona que pueda ver su perfil, podrá ver sus noticias.

Configurar sus noticias

Puede configurar las noticias que aparecen en su perfil de dos formas:

▶ **Eliminando acontecimientos individuales:** Los acontecimientos son acciones que usted ha llevado a cabo en Facebook, como por ejemplo actualizar su **Estado** a "Hoy vuelvo a casa".

NOTA Las mini-noticias no contienen información adicional. Simplemente se limitan a agregar todos los detalles de interés mostrados a lo largo de su perfil. Por tanto, lo que la gente no puede ver en su perfil, tampoco podrá verlo en sus mini-noticias. Por ejemplo, si pide confirmación sobre la asistencia a un evento secreto al que su amigo Ramón no estaba invitado, tampoco podrá saber nada sobre este tema leyendo sus mini-noticias.

- **Indicando a Facebook que omita categorías de acciones:** Puede indicar a Facebook que le diga a mamá, por ejemplo, cuándo escribe un comentario en una nota o abandona un grupo.

Para configurar sus noticias:

1. En el menú principal de Facebook, haga clic en **Perfil**.

2. Vaya a la sección **Noticias** de su perfil y eche un ojo a los acontecimientos que aparecen. Si no ve ningún acontecimiento bajo el encabezamiento **Noticias**, haga clic en la flecha que apunta hacia abajo para expandir esa sección.

3. Eliminar aquellos acontecimientos que no quiere que la gente vea. Haga clic en **Editar** y luego en **X Eliminar** para que no aparezca el acontecimiento.

4. Especifique qué tipo de acciones que quiere que aparezcan (y cuáles no) en sus noticias. Vaya al final de este capítulo para saber más.

Notificaciones en Facebook

Una **Notificación** es un mensaje que le indica que algo relacionado con usted ha sucedido en Facebook. Por ejemplo, que alguien escribió en su muro, o que le invitó a unirse a un grupo, o quizá que alguien contestó a algo que usted publicó en un foro de debate.

Las notificaciones y las noticias en vivo son tan parecidas que es muy fácil confundirlas. Ambas son recopilaciones electrónicas de las actividades de sus amigos en Facebook. ¿Cuál es la diferencia entonces? Las notificaciones siempre están relacionadas, de alguna forma, con usted: alguien que quiere formar parte de un grupo que usted administra, alguien que ha escrito una nota que hace referencia a usted, etc. Las noticias en vivo, por otro lado, no están relacionadas con usted directamente. Éstas simplemente le permiten saber lo que sus amigos están haciendo: si un amigo instaló una nueva aplicación, o si otro añadió una foto actualizada a su perfil.

Ver sus notificaciones

Las notificaciones aparecen en la bandeja de entrada de su cliente de correo electrónico. Asimismo, cuenta con un notificador de éstas en el inicio.

Al suscribirse a las notificaciones, podrá ver éstas como un canal electrónico en lugar de como una notificación en Facebook.

◆ Para ver las versiones en correo electrónico de sus notificaciones, vaya a su cliente de correo electrónico y lea sus correos del mismo modo que hace normalmente.

Mensajes	Mensajes Enviados	Notificaciones	Actualizaciones		Redactar Mensaje

Hey
● ☐ Martha Sanchez hizo un comentario acerca tu nota. 16:65   X

Mostrar notificaciones...
↳ ☑ Recibido
↰ ☑ Enviado por mí

Aplicaciones que has agregado
☐ ☑ Notas

◆ Para ver sus notificaciones en Facebook, vaya a la parte superior de cualquier ventana de Facebook, haga clic en la flecha que apunta hacia abajo que aparece junto a **Bandeja de entrada**, y en el menú desplegable que aparece, seleccione **Notificaciones**. Asegúrese de que la pestaña del mismo nombre está seleccionada. Si no es así, haga clic para seleccionarla.

NOTA

El punto azul que aparece junto a algunas notificaciones quiere decir que éstas son nuevas (este punto y el aviso en la página de inicio desaparecen una vez acceda a la pestaña Notificaciones).

Elegir qué notificaciones desea ver

A menos que lo especifique, Facebook asume que usted desea recibir todas y cada una de las noticias relacionadas con su actividad social. Esto significa que, si tienen más de dos o tres amigos que usen la página de forma activa, su bandeja de entrada se saturará con todas las notificaciones que reciba. Para especificar aquellos aspectos sobre los que quiere recibir notificaciones y aquellos sobre los que no, siga los siguientes pasos:

1. En el menú principal de Facebook, haga clic en **Configuración**.

2. En la página que aparece, seleccione la pestaña **Notificaciones**.

3. En la pestaña **Notificaciones**, coloque el botón de selección en **Desactivado** para cualquier actividad sobre la cual no quiera recibir notificaciones. A continuación, vaya al final de la página, y haga clic en **Guardar cambios**.

TRUCO

Facebook siempre muestra las solicitudes de amigos, invitaciones a grupos y eventos, así como etiquetado de imágenes, en su página de inicio. De esta forma, las notificaciones que reciba no serán redundantes. Desactívelas, y seguirá informado (siempre y cuando compruebe su página de inicio a menudo).

visualizados de distintas formas (por ejemplo, de forma más básica como una lista de elementos de una página Web, o de forma más compleja, en un complejo lector de noticias *on-line*).

Si sigue los pasos que aparecen un poco más adelante en este capítulo, podrá ver su suscripción de forma básica, como una lista básica de elementos. Para verla en un formato diferente, pruebe uno de los múltiples lectores de noticias gratuitos (también conocidos como agregadores), tales como Bloglines [**www.bloglines.com**], Google Reader [**www.google.com/reader**] o Feed Demon [**www.newsgator.com**]. Para saber más sobre todo lo relacionado con los canales electrónicos, visite **http://oreilly.com/feeds**.

Suscripciones

Técnicamente hablando, las suscripciones son canales electrónicos. Estos resúmenes aparecen en todas partes, proporcionados por autores en la Web, como el *New York Times* o *Reuters*, y son más conocidos por las siglas RSS (que significan *Rich Site Summary* o *Really Simple Syndication*, según a quién se pregunte). Sea cual sea el nombre que se les dé, una suscripción no es otra cosa que un boletín continuamente actualizado, que se almacena como una gran cantidad de datos, a los que pueden aplicarse diferentes formatos, así como ser

Las suscripciones no van a ofrecerle más información de la que podría obtener navegando a través de Facebook, aunque facilitan el acceso a ésta, ya que la muestran en una única página Web, que se actualiza automáticamente. Además, no tiene que acceder a Facebook para poder verla. Asimismo, en función del navegador Web que use, podrá configurar la forma en que ve esta información. Por ejemplo, si usa Internet Explorer, podrá elegir con qué frecuencia recibe las actualizaciones, e incluso que se reproduzca un sonido cuando se produzca una actualización.

Puede unirse a más de una de las siguientes suscripciones:

- **Una suscripción que muestre el estado actual de sus amigos:** En Facebook, el Estado es una línea que sus amigos escriben de cuando en cuando. Por ejemplo: "Estoy saliendo del trabajo" o "Estoy en la biblioteca". Al suscribirse al estado de un amigo podrá seguirle la pista a sus amigos, y saber dónde están y qué están haciendo en cualquier momento, sin tener que acceder a Facebook.

> **NOTA**
>
> Para actualizar su estado: en la página de inicio (puede acceder a ésta haciendo clic en el vínculo Inicio que aparece en la parte superior de cualquier ventana de Facebook), vaya a la sección Actualizaciones de estado, y haga clic en el vínculo ¿Qué estás haciendo en este momento? (si ésta no es la primera vez en que actualiza su estado, verá en su lugar un vínculo llamado Editar).
>
> Escriba lo que quiera en el cuadro de diálogo que aparece, o haga clic en la flecha que apunta hacia abajo y elija una opción de la lista (por ejemplo "en Casa" o "estoy en el trabajo"). Una vez haya terminado, sólo tiene que hacer clic en cualquier parte de la ventana, y Facebook actualizará su estado, de forma que todos sus amigos puedan ver lo que está haciendo. Haga clic en el vínculo Limpiar estado para eliminar lo que escribió en el cuadro.

- **Una suscripción que muestre los materiales (vínculos Web, imágenes, vídeos, etc.) que sus amigos estén colgando, en el momento que lo hagan:** Puesto que este tipo de suscripción le permite acceder a todos los recursos que compartan sus amigos, es ideal para ser usado en grupos de trabajo y de estudio.

- **Una suscripción que muestre las notas que sus amigos (u otros miembros de Facebook) están publicando, en el momento en que lo hacen:** Suscribirse a las notas de una persona le permite asegurarse de que no pierde ni uno sólo de los excitantes acontecimientos que suceden en los *blogs* de sus amigos, aunque no haya accedido a Facebook. Puede suscribirse a las notas publicadas por cualquier miembro de Facebook que lo permita (esto es, que haga posible suscribirse a sus notas de forma expresa), incluso aunque no sea su amigo.

- **Una suscripción que muestre todas sus notificaciones:** A menos que indique lo contrario, Facebook asume que quiere recibir todas sus notificaciones en la pestaña del mismo nombre y en su bandeja de correo electrónico. Pero si lo prefiere, puede elegir recibirlas a través de un formulario de suscripción (lo que es muy útil para mantenerse en contacto con sus amigos de Facebook sin tener que acceder a la página ni tener que buscar en una montaña de correos electrónicos).

Suscribirse a las actualizaciones de estado de un amigo

1. En la parte superior de cualquier ventana de Facebook, haga clic en la flecha que apunta hacia abajo, que aparece junto a **Amigos**, y seleccione **Actualizaciones de Estado**. Aparecerá la pestaña del mismo nombre, que mostrará el estado actual de todos sus amigos.

2. Vaya a la sección izquierda de la pestaña **Actualizaciones de Estado**, y haga clic en el vínculo **Noticias del estado de tus amigos**.

3. Siga los pasos que aparecen en la sección **Finalizar su suscripción**, que aparece a continuación en este capítulo.

Suscribirse al material publicado por un amigo

Puede unirse a una suscripción que muestre todo el material publicado por un amigo (páginas Web, clips de vídeo, etc.), o a una suscripción de cada uno de los amigos en los que está interesado. Siga los siguientes pasos:

1. En el menú **Aplicaciones** que aparece en la parte derecha de la pantalla, haga clic en **Elementos publicados** (puede que tenga que hacer clic en **Más** para poder ver este vínculo).

2. En la página que aparece, diríjase al menú desplegable **Mostrar los artículos recientemente publicados por** y seleccione **Todos mis amigos** o el nombre de uno de ellos.

3. Vaya a la sección derecha de la página **Artículos publicados,** y haga clic en **Mis amigos publicaron artículos** o en un vínculo similar a **Pablo publicó un artículo** (si eligió un amigo en el paso 2).

4. Siga los pasos que aparecen en la sección "Finalizar su suscripción" que aparece a continuación en este capítulo.

Suscribirse a las notas de sus conocidos

Más adelante en este capítulo se le indican todos los detalles relacionados con las notas (la versión de Facebook de los *blogs*). Para subscribirse a las notas de alguien:

1. En el menú **Aplicaciones** que aparece en la parte izquierda de la pantalla, haga clic en **Notas** (puede que tenga que hacer clic en **Más** para poder ver este vínculo).

NOTA Para suscribirse a las notas de un amigo, sea o no esta persona su amigo, vaya al perfil de ésta, busque la sección **Notas** y haga clic en **Ver todas.** A continuación, en la página de notas de esta persona, seleccione el vínculo **Notas de Juan García** (en lugar de Juan García aparecerá el nombre de la persona a la que pertenece el perfil).

2. En la página que aparece, haga clic en el vínculo **Notas de tus amigos.**

3. Siga los pasos que aparecen en la sección "Finalizar su suscripción" que aparece a continuación en este capítulo.

Suscribirse a sus notificaciones

1. En la parte superior de cualquier ventana de Facebook haga clic en **Bandeja de entrada,** y a continuación seleccione **Notificaciones.** Facebook mostrará la pestaña del mismo nombre.

2. Vaya al final de la página y haga clic, en la parte derecha de la pantalla, en el vínculo **Tus notificaciones.**

3. Siga los pasos que aparecen en el siguiente apartado.

Finalizar su suscripción

1. Independientemente del tipo de suscripción anteriormente citado, debe seguir los pasos que se indican a continuación (llévelos a cabo una vez haya terminado los pasos indicados para el tipo de suscripción concreto).

2. En la página que aparece, haga clic en **Suscribirse a esta fuente** (el nombre exacto de este vínculo puede variar entre los diferentes navegadores Web).

3. En el cuadro de diálogo que aparece, seleccione la carpeta de favoritos en la que quiere guardar su suscripción. El nombre de canal que Facebook sugiere es perfecto, aunque un poco aburrido. En cualquier caso, no tiene por qué escribir uno nuevo (aunque puede hacerlo si lo desea). Puesto que usted accede a su carpeta de suscripciones a través de su navegador Web, la carpeta que elija en el menú desplegable **Crear en** (o utilizando el botón **Nueva carpeta**) aparecerá en la lista de canales de su navegador.

NOTA

Incluir una página Web en favoritos facilita el acceso a ésta más tarde. Verá el nombre de su carpeta de suscripciones cuando acceda a la lista de canales de su navegador (cada navegador es diferente: en Internet Explorer, haga clic en el botón **Favoritos**, la pequeña estrella amarilla en la parte izquierda del menú principal).

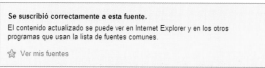

4. Haga clic en **Suscribirse**. Aparecerá un mensaje en el que se indicará que se completó la suscripción. Para verla, puede hacer clic en el vínculo **Ver mis fuentes** que aparece en el cuadro de confirmación, o bien utilizar el menú de su navegador para ver todos sus canales. Si usa Internet Explorer, haga clic en el icono **Favoritos** (la pequeña estrella que aparece a la izquierda del menú principal).

NOTA

Si no le gusta la forma en que su navegador Web muestra sus canales (también conocidos como feeds) puede utilizar un agregador de noticias gratuito como www.bloglines.com. Sólo necesita el URL del canal para poder verlo usando este programa. Si usa Internet Explorer como navegador Web, inténtelo haciendo clic con el botón derecho en su lista de canales, y a continuación elija **Propiedades** para ver la dirección Web del canal.

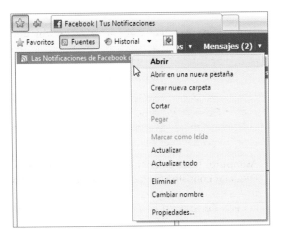

Crear notas (blogs)

Desde que la "blogosfera" sustituyó a las "páginas Web personales", cada sitio que se precie de su nombre ofrece *blogs* de forma gratuita (diarios electrónicos fáciles de usar en los que se pueden describir sus aficiones, su vida familiar y profesional o cualquier cosa que le apetezca). Facebook también ofrece *blogs* de forma gratuita, aunque son denominados **Notas**.

NOTA

Hay una diferencia pequeña (pero muy importante) entre las notas y los blogs. Puesto que las notas están integradas en Facebook, justo con el resto de material incluido en el sitio (gracias a las etiquetas), éstas pueden documentar las complejas interacciones sociales que se producen entre usted y sus amigos (así como entre sus amigos y los amigos de sus amigos, y así sucesivamente). Es terrorífico, es excitante, es muy très siglo XXI (y el sueño de un vendedor hecho realidad).

Puede subir los contenidos de un *blog* existente (si ya dispone de uno) a sus notas, o bien crear sus propias notas desde el principio. Y aquí viene lo mejor: puede etiquetar sus notas. Etiquetar consiste en asociar uno o más de sus amigos de Facebook con una nota. Por ejemplo, digamos que escribe una nota en la que cuenta el viaje que hizo junto con su amigo Pablo el fin de semana pasado. Puede etiquetar esa nota con el nombre de su amigo, lo que facilita a Pablo (y a sus amigos de Facebook) ubicar el relato de su aventura. Después de crear una nota, Facebook muestra el asunto de ésta en su perfil (consulte la sección **Notas**), lo que permite que otras personas puedan encontrarla y escribir comentarios sobre ella. Al mismo tiempo la plataforma envía, de forma automática notificaciones a todos los amigos que etiquetó, para que éstos puedan ver lo que escribió sobre ellos.

NOTA

Al cambiar la configuración de privacidad de sus notas (puede acceder a ellas haciendo clic en el vínculo Modifica la privacidad de las notas tal y como se detalla más adelante en este episodio) puede controlar quién accede a la información, así como quién escribe comentarios.

Escribir notas desde cero

Si no tiene *blog*, o tiene uno pero no quiere cortar y pegar sus contenidos en Facebook, tendrá que empezar desde cero. Para publicar la primera entrega de su *blog* en Facebook:

1. En el menú **Aplicaciones** que aparece a la derecha de cualquier ventana de Facebook, haga clic en **Notas**.

NOTA

Si no ve el vínculo Notas en el menú Aplicaciones, expanda el menú haciendo clic en el vínculo Más.

2. En la página que aparece, haga clic en **Escribir una nota nueva**. En la página que aparece, incluya en el campo **Título** un resumen del contenido. En el campo **Cuerpo** escriba su nota.

3. Si lo desea, añada una foto o dos. Para hacerlo, haga clic en **Examinar...** y, en la ventana que aparece, seleccione la imagen que quiere añadir. Repita este proceso para añadir imágenes adicionales.

4. Asimismo, tiene la opción de etiquetar su nota. Etiquetar consiste en asociar la nota con un amigo de Facebook (o más de uno). Si en su nota se relata la cena de navidad de empresa, quizá quiera etiquetar la nota con los nombres de sus compañeros de trabajo. Para ello, haga clic en el campo **Etiqueta personas en esta nota** y comience a escribir. A continuación, elija uno de los nombres que Facebook le muestra.

5. Haga clic en **Vista previa** para echar un vistazo a su nota. Compruebe lo que ha escrito, así como su formato, que puede presentar un aspecto extraño (sobre todo si ha añadido imágenes). Si ve algo que no le gusta, haga clic en **Editar** para modificar la nota. Repita este paso hasta que esté contento con el resultado.

6. Haga clic en **Publicar**. Facebook muestra su nueva nota en la sección del mismo nombre en su perfil, por lo que todo el mundo puede verla (en realidad, todos sus amigos y miembros de los grupos a los que pertenece) y comentarla. Asimismo, se envían notificaciones a las personas a las que se han asignado etiquetas.

Importar notas de un blog ya existente

Si ya tiene un *blog* en otra página (como por ejemplo www.wordpress.com o www.blogger.com) puede indicar a Facebook que copie las entradas de este *blog*, y las incluya como notas. De esa forma, los usuarios de Facebook pueden leer sus reflexiones, sin que usted tenga que teclear cada entrada dos veces.

> **NOTA**
>
> No puede usar Facebook para editar las notas que importe desde su blog. Para ello, tendrá que usar el servicio de publicación de blogs que esté empleando en la actualidad. La versión de Facebook vendría a ser una reimpresión de su blog.

Para importar entradas de su *blog* a Facebook:

1. En el menú **Aplicaciones** que aparece en la parte derecha de la pantalla, haga clic en **Notas**. Puede que tenga que hacer clic en **Más** para ver este vínculo.

2. En la página que aparece, haga clic en **Mis notas**, y a continuación en el vínculo **Importar un blog** que aparece a la derecha de la pantalla.

3. En la página que aparece, vaya al campo **URL de la Web** y escriba la dirección de su *blog* (por ejemplo, http://miblog.blogspot.com). Haga clic en la casilla de verificación para confirmar a Facebook que el *blog* que va a importar es suyo (tiene que serlo, ya que si añade cualquier material que no haya creado, o solicitado permiso para usar, infringirá la política de derechos de autor), y haga clic en **Iniciar importación**.

4. En la página de confirmación que aparece, haga clic en **Confirmar Importación**. Facebook añadirá las entradas de su *blog* a las notas ya existentes.

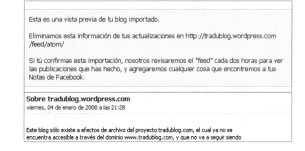

Sólo habrá una diferencia: junto a las entradas importadas aparecerá un pequeño icono naranja, lo que permitirá que la gente sepa que estas entradas proceden de alguna parte. Si una persona hace clic en el vínculo **Ver la entrada original**, accederá al *blog* del que procede la entrada.

Ver y modificar sus notas

En Facebook es muy fácil ver las notas que ha escrito, modificarlas o eliminarlas. Para ver y editar sus notas:

1. En el menú **Aplicaciones**, seleccione **Notas**. Puede que tenga que hacer clic en **Más** para ver este vínculo.

2. En la página que aparece, haga clic en el vínculo **Mis notas** que aparece en la parte superior izquierda. Si no puede ver el texto completo de éstas, haga clic en la pestaña **Mis notas**.

NOTA

Si importa sus notas, no podrá modificarlas en Facebook. Sí puede verlas y eliminarlas siguiendo los pasos que aparecen a continuación.

3. Para editar su nota, vaya al título de ésta y haga clic en **Editar nota**.

4. Para eliminarla, haga clic en **Eliminar**.

Restringir el acceso a sus notas

Al menos que no lo indique de forma específica en Facebook, todos sus amigos de Facebook, así como las personas que pertenecen a los grupos de los que forma parte, pueden ver, suscribirse y comentar las notas que escriba. Este acceso puede ser configurado, de forma que:

- Todos los miembros de Facebook puedan ver sus notas.

- Sólo las personas de determinados grupos (como por ejemplo el del trabajo o el de su universidad) puedan verlas.

- Sólo sus amigos puedan verlas.

- Sólo las personas a las que ha etiquetado en sus notas puedan verlas.

- Sólo sus amigos puedan escribir comentarios en sus notas.

◗ Nadie pueda escribir comentarios.

◗ Nadie pueda suscribirse a sus notas.

Para modificar el acceso a sus notas:

1. En el menú **Aplicaciones** seleccione **Notas**. Puede que tenga que hacer clic en **Más** para ver este vínculo.

2. En la página que aparece, haga clic en el vínculo **Mis notas**, que aparece en la parte superior izquierda. A continuación, en el recuadro que aparece, vaya a la parte derecha de la página y haga clic en **Modifica la privacidad de las notas**.

3. Modifique quién puede acceder o añadir comentarios públicos a sus notas. En el menú desplegable de la sección **Quién puede ver tus Notas** elija la opción que describa mejor quién quiere que lea sus notas. A continuación, vaya a la sección **Comentarios** e indique a Facebook quién quiere que escriba comentarios en sus notas.

4. Para evitar que la gente pueda suscribirse a sus notas, vaya a la sección **Sindicación** y seleccione el botón **Nadie puede suscribirse**.

5. Una vez haya terminado de realizar todos los cambios, haga clic en **Guardar**.

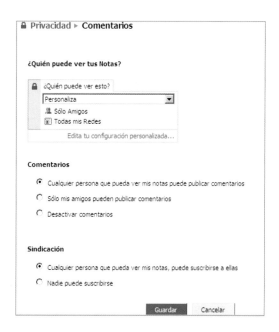

Añadir comentarios a las notas

Cada vez que Facebook muestra una nota que usted (u otra persona) ha escrito, también muestra un vínculo que la gente puede usar para escribir comentarios de forma pública en su nota.

Apuntes de física   Compartir +

16:54 Hoy | editar nota | Eliminar

Los apuntes de física de hoy ya están subidos en el servidor. Si alguien no entiende algo, por favor que me envíe un email.

Un saludo

Añade un comentario | 1 comentario

> **NOTA**
>
> Si no quiere que la gente escriba comentarios en sus notas, puede indicar a Facebook que elimine el vínculo Añade un comentario. Consulte la sección anterior.

Los comentarios proporcionan a la gente que lee sus notas una forma sencilla de levantar su ego, darle un consejo o publicar recursos de utilidad. Y puesto que los comentarios que la gente deja aparecen uno detrás de otro, justo detrás del texto de su nota, es muy fácil visualizarlos y modificarlos. En la página de Notas usted puede:

◆ **Añadir un comentario a la nota de otra persona:** Independientemente de la forma en que encuentre la nota de alguien (visualizando las notas de un amigo a través de la opción **Notas** del menú **Aplicaciones**; entrando a la sección **Notas** del perfil de un amigo que forma parte de un grupo al que usted también pertenece; o accediendo a **Notas populares**, a

través de la opción **Notas** del menú **Aplicaciones**) la forma de incluir un comentario es la misma. Sólo tiene que hacer clic en el vínculo **Añade un comentario** que aparece en la parte inferior de la nota (si no puede ver este vínculo es porque el autor de la nota ha indicado a Facebook que lo elimine).

> **NOTA**
>
> A menos que especifique lo contrario, Facebook le notificará automáticamente cada vez que alguien publique un comentario en una de sus notas.

◆ **Ver los comentarios que han hecho otras personas sobre su nota:** Elija **Notas** en el menú **Aplicaciones**, y haga clic en el vínculo **Mis notas**. A continuación, vaya al final de la nota para ver todos los comentarios que la gente ha dejado.

◆ **Eliminar un comentario que alguien ha hecho sobre su nota:** Quizá alguien ha publicado un comentario ofensivo, o simplemente se trata de un comentario que no quiere que sus amigos vean. Vaya al final de ese comentario y haga clic en **Eliminar**.

Raúl Pérez ha escrito
a las 23:40

Gran frase para el mundo de la informática.

Denunciar · Eliminar

A continuación, haga clic de nuevo en **Eliminar** en el cuadro de diálogo que aparece.

NOTA

Si alguien deja un mensaje inapropiado, puede enviarle a esa persona un mensaje para que "cese y desista" de sus comentarios, haciendo clic en el vínculo **Mensaje** que aparece en la parte inferior del comentario. Si esto no funciona, puede evitar que esa persona pueda ver sus notas. Asimismo puede informar a Facebook sobre este individuo.

Etiquetar notas

Al etiquetar una nota se vincula una nota con uno o más de sus amigos, independientemente de que esas personas sean mencionadas en el texto de ésta. Se trata de una situación de ganancia mutua: sus amigos se sienten importantes al ser etiquetados, más gente lee sus notas, y las empresas que se anuncian en Facebook obtienen una imagen más completa de su red social.

Puede etiquetar una nota mientras está escribiéndola, y también una vez esté publicada. Para ello:

1. En el menú **Aplicaciones**, seleccione **Notas**. Puede que tenga que hacer clic en el vínculo **Más** para poder ver el vínculo.

2. En la página que aparece, seleccione **Mis notas**. Asegúrese de que esté seleccionada la pestaña **Mis notas**.

3. Busque el título de la nota y haga clic en el vínculo **Editar nota** que aparece bajo éste.

4. En el campo **Etiquetar personas en esta nota**, comience a escribir el nombre del amigo que quiere etiquetar. Facebook mostrará nombres mientras escriba. Haga clic para seleccionar uno de ellos. Puede etiquetar tantos amigos como desee.

5. Vaya al final de la página y haga clic en **Guardar**.

Encontrar comentarios sobre usted en las notas de otras personas

Al igual que puede etiquetar notas con los nombres de sus amigos, ellos también pueden hacer lo mismo con su nombre. Para ver una lista de todas las notas de sus amigos que le mencionan:

1. En el menú **Aplicaciones**, seleccione **Notas**. Puede que tenga que hacer clic en el vínculo **Más** para poder ver el vínculo.

2. En la página, haga clic en **Notas de tus amigos**.

Controlar la información que la gente ve sobre usted

Como parte de su intento de proporcionar una privacidad lo más configurable posible, Facebook le permite evitar que la gente se suscriba a sus notas, así como a sus actualizaciones de estado. Asimismo puede eliminar algunos detalles sobre las acciones que aparecen en las **Noticias** y en las noticias en vivo que reciben sus amigos.

Evitar que la gente se suscriba a sus notas

Si no quiere que nadie se suscriba a sus notas:

1. En el menú **Aplicaciones** que aparece en la parte derecha de la ventana, haga clic en **Notas** (puede que tenga que hacer clic en **Más** para ver este vínculo).

2. En la página que aparece, a la derecha, bajo el encabezado **Configuración de notas**, haga clic en el vínculo **Editar privacidad de notas**.

3. En la configuración de privacidad, vaya a la sección **Sindicación**, y seleccione el botón **Nadie puede suscribirse**.

Evitar que la gente se suscriba a sus actualizaciones de estado

Si no quiere que la gente sepa de forma instantánea cuándo su estado cambia de "Estoy en el trabajo" a "Contando los segundos que faltan para que acabe el día", esto es lo que tiene que hacer:

NOTA

Usted nunca escribiría una nota en la que se describiese una escena de libertinaje, para a continuación etiquetarla con el nombre de un amigo para así arruinar el trabajo de un amigo (y arruinando la posibilidad de que supere la preentrevista al buscar uno). Pero alguna gente sí lo haría. Afortunadamente, Facebook le permite eliminar etiquetas, incluso aunque alguien le haya incluido en ellos. En la etiqueta Notas de tus amigos, busque la nota de la que quiere desvincularse y haga clic en el vínculo Eliminar etiqueta que aparecerá bajo su nombre.

1. Desde el menú principal de Facebook haga clic en **Configuración** y luego en **Privacidad**.

2. En la página que aparece, busque **Noticias y muro** y seleccione **Editar**. A continuación, elija **Sólo amigos**.

Eliminar detalles de sus noticias

A continuación puede seleccionar las actividades sobre las cuales Facebook comunica automáticamente a sus amigos a través de las noticias en vivo o de sus noticias (y cuáles no).

1. En el menú principal de Facebook haga clic en **Configuración** y luego en **Privacidad**.

2. En la página que aparece, haga clic en **Noticias y muro**.

3. Deseleccione aquellas casillas de verificación para las actividades sobre las cuales no quiere que se reciban novedades. Una vez haya acabado, haga clic en **Guardar cambios**.

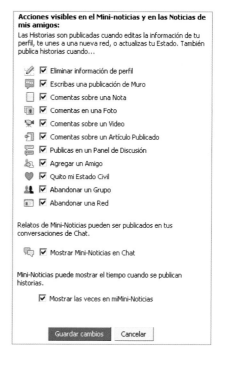

Acciones visibles en el Mini-noticias y en las Noticias de mis amigos:

Las Historias son publicadas cuando editas la información de tu perfil, te unes a una nueva red, o actualizas tu Estado. También publica historias cuando...

☑ Eliminar información de perfil
☑ Escribas una publicación de Muro
☑ Comentas sobre una Nota
☑ Comentas en una Foto
☑ Comentas sobre un Video
☑ Comentas sobre un Artículo Publicado
☑ Publicas en un Panel de Discusión
☑ Agregar un Amigo
☑ Quito mi Estado Civil
☑ Abandonar un Grupo
☑ Abandonar una Red

Relatos de Mini-Noticias pueden ser publicados en tus conversaciones de Chat.

☑ Mostrar Mini-Noticias en Chat

Mini-Noticias puede mostrar el tiempo cuando se publican historias.

☑ Mostrar las veces en miMini-Noticias

[Guardar cambios] [Cancelar]

CAPÍTULO

6

PARTICIPAR EN GRUPOS

Una de las características más populares de Facebook son los **Grupos**, conjuntos de personas que comparten intereses. Algunos grupos sólo existen en la Red, mientras que otros grupos del mundo real usan Facebook para permanecer en contacto. Si quiere encontrar a otras personas que compartan una afición, desde la compra de zapatos a Abraham Lincoln, Facebook puede ayudarle en ello. Y si no encuentra ningún grupo dedicado al tema que le apasiona, tiene la opción de crearlo. Este capítulo muestra cómo encontrar grupos, participar y unirse a ellos, así como la forma de crear el suyo propio.

¿Qué es un grupo?

Un **Grupo** de Facebook es un conjunto de miembros que comparte una afición: hacer punto, cómo educar a los hijos, programación de aplicaciones para Facebook, colección de sellos, etc. Los grupos ayudan a la gente a compartir información, consejos y trucos. Y éstos no sólo existen en la Red. Muchos de los grupos que se reúnen en Facebook emplean la plataforma para mantenerse en contacto.

> **NOTA**
> Los eventos relacionados con los grupos facilitan a los miembros de Facebook conocerse en persona. Consulte el siguiente capítulo para saber más.

La persona que inicia un grupo es la que decide quién puede unirse a él. Algunos grupos permiten que se una cualquiera. Otros permiten que cualquier usuario solicite ser parte, aunque a continuación deciden quién es miembro finalmente. Asimismo, otros grupos deciden ocultar sus actividades a todo el mundo excepto a aquellos que forman parte de él. Una vez se es miembro de un grupo se pueden hacer cosas como publicar mensajes e imágenes para el boletín de noticias grupal, crear y gestionar eventos relacionados con el grupo, etc.

> **NOTA**
> Técnicamente hablando, **Grupos** es una aplicación de Facebook, por lo que no se trata de una de las características por defecto de la plataforma. Probablemente nunca se tenga que preocupar por esta distinción, a menos que decida reemplazar **Grupos** por otra aplicación (véase capítulo 12).

Al ser muy fácil crearlos y unirse a ellos, existen millones de ellos. Por eso, junto con los grupos relacionados con los acontecimientos sociales, los grupos profesionales, los de negocios y los relacionados con los deportes, existen muchos grupos con nombres tontos como "Personas en contra de los Cheetos", "Odiamos a la gente con faltas de ortografía" o "Si 500.000 personas se unen a este grupo cambiaré mi nombre de usuario de Facebook".

Afortunadamente, Facebook le ofrece una serie de herramientas (que se detallan a continuación), que le permiten separar el grano de la paja y encontrar un grupo del que disfrutar y beneficiarse. Y si no encuentra tal grupo, siempre puede crearlo usted mismo.

> **NOTA**
>
> A menos que indique lo contrario a Facebook, todo el mundo que tenga acceso a su perfil podrá ver los grupos de los que forma parte. Algunas personas usan la pertenencia a grupos como forma de expresar sus puntos de vista personales y sus opiniones políticas. Si se une a un grupo llamado "Vota Sí a la pena de muerte" o "La experimentación con animales no es tan mala", la gente que acceda a su perfil sacará sus propias conclusiones.

Encontrar grupos ya existentes

Facebook le ofrece tres formas de encontrar grupos que ya existen:

- **Encontrar grupos en función de una serie de criterios dados:** A menos que conozca el nombre o el tema del grupo que está buscando (en cuyo caso debería decantarse por la siguiente opción), ésta es la forma más rápida de encontrar un grupo.

- **Buscar grupos y temas específicos:** Si un amigo le ha comentado el nombre de un grupo al que quiere unirse, o si sólo está interesado en grupos dedicados a un tema concreto (como por ejemplo la música de U2), ésta es la opción más rápida.

- **Ver los grupos más populares del sitio:** Encontrar aquellos grupos a los que sus amigos se han unido en las últimas 24 horas es muy interesante, incluso aunque al final no decida unirse a ellos.

> **NOTA**
>
> Otra forma de unirse a un grupo de Facebook es responder a una invitación enviada por uno de sus miembros. Para saber más, siga leyendo.

Buscar grupos

Buscar grupos le permite ver una lista de todos los grupos asociados con un criterio común (por ejemplo, los grupos creados por gente que vive cerca de usted) y una categoría, como por ejemplo comida y bebida, autoayuda, etc. Para buscar grupos:

1. En el menú **Aplicaciones** que aparece en la parte derecha del menú principal de Facebook haga clic en **Grupos**. En la parte izquierda de la página que aparece se muestran los grupos de los que forman parte sus amigos, lo que puede ser de interés. En la parte derecha se muestran los grupos a los que usted se ha unido.

otra página de resultados. Si no tiene nada que hacer, navegar a través de todos estos grupos puede resultar muy entretenido. Pero si no dispone de mucho tiempo, querrá filtrar estos grupos.

- **Filtrar los grupos:** Para ver sólo aquellos grupos asociados con una de sus redes (muy útil si lo que está buscando son grupos locales o relacionados con su trabajo) elija una **Red** del menú desplegable de la derecha. Para ver sólo aquellos grupos que estén relacionados con los negocios, la música, los deportes, o cualquier otro tema general, elija un **Tipo** del menú desplegable del mismo nombre. Puede seleccionar un **Sub-tipo** (que varía en función del tipo elegido) para reducir su búsqueda.

2. En la página **Grupos** haga clic en **Buscar grupos.**

3. En la página que aparece seleccione las categorías en las que quiere buscar. Aparece un listado de grupos en la parte derecha de la página. En primer lugar, aquellos grupos de los que ya forma parte, seguidos de los grupos que los que Facebook cree que podría estar interesado (en función de la información de su perfil), y después el resto de grupos a los que se puede unir. Puede:

- **Navegar a través de la enorme lista de grupos, una página a la vez:** Arrastre la barra deslizante de su navegador para ver todos los grupos de la primera página. A continuación haga clic en **Siguiente** (o en un número de página) para ver

4. Para saber más sobre un grupo, haga clic bien sobre el nombre de éste o sobre el vínculo **Ver grupo** que aparece junto a él. Podrá ver la página de perfil del grupo, con información que puede usar para decidir si quiere unirse a este grupo.

 Puede ver el foro de discusión del grupo, las imágenes colgadas por la gente o echar un vistazo a lo que hay escrito en el muro.

Encontrar grupos

Si conoce el nombre del grupo que está buscando, o sólo está interesado en grupos cuyos nombres contienen una palabra en concreto, siga los pasos que se detallan a continuación:

1. En el menú **Aplicaciones**, seleccione **Grupos**.

2. En el cuadro de diálogo de búsqueda que aparece, escriba la palabra (o palabras) que incluirían los títulos de grupo que busca, y haga clic en **Intro**. Si obtiene demasiados resultados, puede reducirlos seleccionando una red en el menú desplegable del mismo nombre, o haciendo clic en **Ver más filtros**, que le permite elegir un tipo y un sub-tipo, tal y como ha visto en el apartado anterior.

3. Si encuentra algún grupo que le interese, haga clic en el nombre de éste. Facebook mostrará la página de perfil de ese grupo para que pueda saber más sobre él.

Encontrar grupos populares

A todo el mundo le gusta lo que está de moda. Hay muchas posibilidades de que no quiera unirse a un grupo sólo porque todo el mundo esté haciéndolo, aunque echar un vistazo a lo que es popular pueda ser una forma entretenida de pasar el tiempo. Para ver los grupos a los que se han unido las personas que forman parte de las redes a las que pertenece en las últimas 24 horas, seleccione **Grupos** en el menú **Aplicaciones**, y a continuación podrá ver los grupos a los que se ha unido recientemente gente de su red.

Unirse a un grupo

Facebook le permite unirse hasta 200 grupos, por lo que puede pertenecer a un grupo por cada una de sus aficiones. Para unirse a un grupo:

1. Vaya al listado de grupos o a la página de perfil del grupo al que quiere unirse.

2. Haga clic en **Ingresar al grupo** o **Unirse a este grupo** respectivamente.

3. En el cuadro de confirmación que aparece, haga clic en **Unirse**. Si el grupo es **Público**, ya formará parte de él. Si para unirse al grupo necesita invitación, Facebook enviará su solicitud al administrador del grupo, y tendrá que esperar que éste la apruebe.

NOTA

Si el grupo es **Privado** no podrá unirse a él (necesitará una invitación, y su adhesión tendrá que ser confirmada por el administrador del grupo). Si no aparece el vínculo **Ingresar al grupo** en el listado querrá decir que éste es privado. En su lugar, aparecerá el vínculo **Petición para unirse al grupo**. Haga clic para enviar al administrador del grupo un mensaje para solicitar una invitación. Si el administrador aprueba su solicitud, recibirá una notificación de Facebook donde se le indicará.

Una vez forme parte de un grupo, vaya al menú **Aplicaciones** y haga clic en **Grupos**. Podrá ver cómo el nuevo grupo aparece en la página. Asimismo, todos los grupos de los que forma parte aparecerán en su perfil.

Crear un grupo

Si tras buscar en todos los grupos de Facebook no encuentra ninguno que le satisfaga, no hay problema. Sólo tiene que crear el suyo propio.

Para comenzar su propio grupo:

1. Seleccione **Grupos** en el menú **Aplicaciones**.

2. En la parte derecha de la página que aparece haga clic en **Crea un grupo nuevo**.

3. En la pestaña **Paso 1: Información del grupo** rellene los campos que aparecen. Algunos campos son obligatorios (**Nombre del grupo**, **Descripción** y **Tipo de grupo**) mientras que otros son opcionales. Cuantos más rellene, mejor. La información extra va a permitir que los miembros que quieran formar

parte de su grupo lo tengan más fácil a la hora de saber el propósito de su grupo. Del mismo modo, si incluye más información, atraerá al tipo de gente que está buscando. Una vez haya terminado, haga clic en **Crear grupo**.

4. En la pestaña **Paso 2: Personalizar** que aparece puede subir una imagen si lo desea. Haga clic en **Examinar...** para buscar un archivo de imagen en su ordenador que quiera asociar con su grupo, como por ejemplo una fotografía, un dibujo o un logo. Una

vez lo haya encontrado, haga clic en la casilla en la que se certifica que la imagen no viola los términos de uso, y por último haga clic en **Cargar foto**.

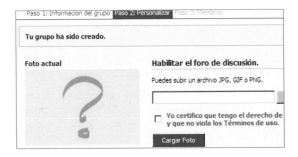

> **NOTA**
>
> No tiene que añadir una imagen si no lo desea. Sin embargo, su grupo no será tan atractivo en el listado de grupos como aquellos que sí la incluyen. Asimismo, los aspectos relacionados con el copyright de las imágenes son muy serios, por lo que asegúrese de que posee los derechos de las imágenes que sube.

5. Si quiere un grupo democrático, del que todo el mundo pueda formar parte, deje seleccionado el botón **Este grupo es abierto**. A continuación vaya al final de la página y haga clic en **Guardar**. De no ser así, quizá quiera desactivar algunas características.

Digamos que quiere crear un trabajo relacionado con su trabajo, para mantener informados a sus clientes sobre uno de sus proyectos. En ese caso, querrá un grupo privado. Para ello, deseleccione todas las casillas de verificación que permiten el intercambio de información, seleccione la casilla **Este grupo es secreto** y deseleccione la casilla **Mostrar este grupo en la página de Redes y en los resultados de búsqueda**. A continuación, haga clic en **Guardar**.

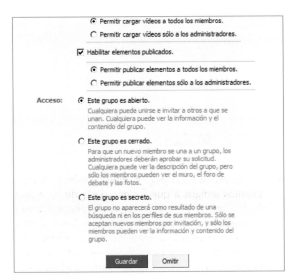

Para su grupo lo más probable es que quiera un balance entre el acceso a sus contenidos y el control de quien accede. Para ello, deje las casillas de verificación tal y como aparecen, pero seleccione la opción Este grupo es privado. Esto permite que los usuarios interesados puedan encontrar su grupo, pero que no puedan acceder a sus contenidos hasta que usted (el creador y administrador del grupo) lo autorice.

6. Ahora estará en la página **Miembros** invite a unos cuantos amigos a que formen parte de su grupo. Puede invitar tanto a amigos de Facebook como a personas que aún no forman parte de la plataforma incluyendo sus direcciones de correo electrónico (los no miembros pueden ver el contenido del grupo, pero no pueden formar parte de él hasta que

se unan a Facebook). Tras hacer clic en **Agregar**, Facebook mostrará la página de perfil del su nuevo grupo, junto con todas las opciones de administración que sólo usted podrá ver (como por ejemplo **Enviar el mensaje a todos los miembros, Editar grupo** y **Crear evento relacionado**).

Invitar a la gente a que se una a su grupo

Si está creando un grupo puede invitar a otras personas durante el proceso de creación. Pero también puede hacerlo una vez haya terminado (al igual que otros miembros del grupo).

Si la persona que ha creado el grupo forma parte de una red global, cualquier miembro de Facebook podrá formar parte de él. Si el grupo está limitado a una red específica, sólo los miembros de esa red podrán formar parte de él.

Para invitar a alguien a que se una a un grupo:

1. Vaya a la página de perfil del grupo y haga clic en el vínculo **Invitar a personas a unirse**.

2. Escriba los nombres de los amigos de Facebook a los que quiere invitar, o las direcciones de correo electrónico de aquellas personas que aún no son

miembros. Para invitar a amigos de Facebook, puede hacer clic en la casilla de verificación que aparece junto al nombre de su amigo (Facebook mostrará todos aquellos amigos que puedan formar parte del grupo en función de la configuración de red), o bien vaya al campo **Invita a personas que todavía no están en Facebook a través del correo electrónico** y escriba las direcciones de correo electrónico de sus amigos separadas por comas (los no miembros pueden ver los contenidos del grupo, pero no podrán unirse a él hasta que formen parte de Facebook).

> **NOTA**
>
> Si cuenta con un círculo social muy grande, puede que no quiera tener que hacer clic en todas y cada una de las casillas de verificación para invitar a sus amigos. En su lugar, haga clic en el campo Invita tus amigos a Facebook y escriba el nombre del amigo al que quiere invitar o el de una lista de amigos ya creada.

Eliminar un grupo creado por usted

Quizá haya cometido un error, o simplemente haya cambiado de opinión. Si creó un grupo, y un par de minutos más tarde decidió que no era una gran idea, puede eliminarlo. Siga los pasos que aparecen a continuación:

1. En la página de perfil de grupo, seleccione **Abandonar el grupo**. Si usted es el único miembro del grupo, al abandonarlo estará indicando a Facebook que

quiere eliminarlo. En caso de que más personas formen parte de él, el grupo seguirá existiendo, aunque sin usted.

2. En el cuadro de confirmación que aparece, haga clic en **Eliminar**.

Participar en grupos

Como ya vio anteriormente en este capítulo, los administradores de un grupo pueden decidir los privilegios que tendrán los usuarios. Por tanto, lo que pueda hacer en el grupo como usuario dependerá de la configuración decidida por los administradores.

Si es miembro de un grupo

Si forma parte de un grupo como miembro puede hacer lo siguiente:

▶ **Añadir imágenes, vídeos y vínculos a la página de perfil del grupo:** Para añadir fotografías o fragmentos de vídeo, vaya a la página de perfil del grupo y haga clic en Agregar fotos o Agregar vídeos. Para añadir un vínculo a una página Web, escriba el URL en el campo Publicar un enlace y haga clic en **Publicar**.

Sólo puede eliminar aquellos grupos que usted haya creado. Es más, una vez que alguien se una a su grupo, Facebook le retirará la capacidad de eliminarlo. En ese momento, lo que sí puede hacer es abandonar el puesto de administrador (al hacerlo, Facebook se lo ofrecerá a los miembros restantes del grupo). Siga los pasos que aparecen a continuación tanto para eliminar un grupo como para dejar de ser administrador.

- **Participar en el Foro de debate que aparece en la página de perfil del grupo:** En el perfil del grupo, busque la sección Foro de Discusión. Podrá:

  - Hacer clic en un título para mostrar todo el mensaje (seguido de los mensajes precedentes en ese hilo), junto con los vínculos necesarios para poder responder o enviar un mensaje personal al creador del hilo.

- Hacer clic en **Comienza el primer tópico/tema** para mostrar una pestaña en la que podrá crear su primer hilo de discusión.

- Hacer clic en **Ver todos** para ver todos los hilos, y no sólo el resumen del perfil del grupo.

- **Escribir en el muro del grupo:** Vaya a la sección El Muro que aparece en el perfil del grupo, y haga clic en Escribe algo.

Foro de Discusión	
Mostrando 1 tema de discusión temas.	Inicia un tema nuevo
¿Deberíamos reunirnos para discutir sobre la portada?	
1 comentario de 1 persona. Actualizado hace 6 segundos.	

- **Invitar a alguien a formar parte del grupo:** En el perfil del grupo, haga clic en Invitar gente a unirse.

Si es la persona que creó el grupo

Las personas que crean un grupo pueden hacer todo lo mencionado anteriormente, más lo que se indica a continuación:

- **Enviar un mensaje a todos los miembros del grupo a la vez:** En el perfil del grupo, haga clic en Enviar el mensaje a todos los miembros. Podrá ver una pestaña para enviar el mensaje, en la cual aparecerá el nombre del grupo.

NOTA

> Si el número de miembros de su grupo supera las 1.000 personas lo sentimos, pero esta característica no funcionará. Esto forma parte del esfuerzo de Facebook para evitar el spam.

▶ **Crear un evento:** Un Evento envía automáticamente una invitación a todos los miembros del grupo. Para crear un evento de este tipo, vaya a la parte derecha de la página de perfil del grupo, haga clic en el vínculo **Crear un evento** y siga los pasos que se indican en el capítulo siguiente.

▶ **Administrar el grupo:** Facebook le permite modificar el funcionamiento de su grupo. Entre otras cosas, puede desactivar el muro o el foro de discusión del grupo, eliminar miembros y otorgar a los miembros del grupo el rango de oficial o administrador. En el perfil del grupo haga clic en **Editar grupo** para modificar la información que aparece sobre el grupo. Ahora pulse sobre la pestaña **Miembros** para admitir o invitar a miembros, o para compartir sus privilegios como administrador con otros miembros del grupo.

CAPÍTULO

7

FACEBOOK Y EL MUNDO REAL:
ENCUENTROS EN PERSONA

Encontrarse con personas que ha conocido a través de la red es algo que es cada vez más habitual. Las listas de eventos de Facebook le ayudan a saber qué sucede en su propia ciudad (todo desde fiestas de cumpleaños y aperturas de galerías de arte a sesiones de estudio y convocatorias de manifestaciones). Y puesto que sus amigos de Facebook pueden echar un vistazo a qué eventos planea asistir, puede surgir la idea de asistir juntos ("Hey, si Pablo y Elena van, entonces yo también voy"). En este capítulo se muestra cómo buscar aquellos eventos que se están celebrando en su ciudad, quién asiste a ellos, y cómo organizar sus propios eventos.

Los tres tipos diferentes de eventos

Los encuentros cara a cara plantean cuestiones relacionadas con la privacidad que no se dan en la Red. Cuanto más rara parezca una persona on-line (escribiendo comentarios raros o amenazadores en su muro, enviándole un millón de toques al día, o uniéndose a todos los grupos a los que usted se une), mayor es el riesgo que corre de sufrir molestias, vergüenza e incluso que le roben información personal. Todas estas cuestiones se tratan en el capítulo 13. En cualquier caso, en persona todas estas conductas extrañas pueden traducirse en un riesgo físico real. Por tanto, sea extremadamente cuidadoso si acuerda una cita en la vida real con alguien (o con un grupo de personas) que conoció en Facebook.

Para ayudarle con las cuestiones relacionadas con su seguridad y privacidad, Facebook le ofrece tres tipos de eventos.

- **Eventos públicos:** Cualquier miembro de Facebook puede leer sobre éstos en el perfil de evento y añadirse a la lista de invitados. Los eventos públicos son perfectos para festivales, conciertos y otros encuentros celebrados en lugares públicos. Sabrá que un evento es público si el vínculo Agregar a Mis eventos aparece en la descripción de éste, así como por el mensaje Este es un mensaje abierto que aparece en la sección Tipo de evento.

- **Eventos privados:** Cualquier miembro de Facebook puede ver la descripción de este tipo de eventos en su perfil, pero nadie puede unirse a la lista de invitados sin una invitación. Cualquier persona puede solicitar una invitación, pero el administrador del evento es quien tiene la última palabra. Los eventos privados son perfectos para las reuniones de amigos y del colegio. Sabrá que un evento es privado cuando vea el vínculo Solicitar invitación en el perfil de éste.

- **Eventos secretos:** Sólo aquellas personas que reciban una invitación (a través de Facebook o vía correo electrónico) sabrán que este evento existe. Use este tipo de evento si está planeando una reunión de negocios, una fiesta privada o la conquista del mundo.

Buscar eventos existentes

Facebook le proporciona cuatro formas de encontrar eventos a los que puede estar interesado en asistir:

- **Buscar eventos por nombre o tema:** Puede encontrar eventos usando el mismo cuadro de búsqueda que emplea para encontrar miembros de Facebook.

- **Explorar eventos:** Le permite ver todos los eventos planeados a lo largo de un período de tiempo específico, relacionados con una red concreta u organizados por una razón en concreto. Por ejemplo,

puede encontrar todos los mítines políticos que se celebrarán en su ciudad a lo largo de la próxima semana.

- **Echar un vistazo a aquellos eventos a los que sus amigos piensan asistir:** Hay una buena posibilidad de que esté interesado en las actividades con las que disfrutan sus amigos.

- **Eventos más populares:** Puede echar un ojo a los eventos más concurridos en sus redes en función de la actividad registrada en éstas en las últimas 24 horas.

Buscar eventos por nombre o tema

Si sabe el nombre o el tema del evento que está buscando (o al menos una o dos palabras de éste), la forma más sencilla de encontrarlo es buscarlo.

Para ello:

1. En el cuadro de búsqueda que aparece justo encima del menú Aplicaciones, escriba el nombre de un evento, o las palabras que quiere buscar, y pulse **Intro**.

confirmado su asistencia, así como aquellas que probablemente lo hagan (baje en la página para ver toda la información).

NOTA

Probablemente no haya ni que mencionarlo, pero para que pueda buscar un evento relacionado, por ejemplo, con el karate, el creador del evento tiene que incluir esta palabra en el nombre de éste o en su descripción.

2. En la página que aparece, haga clic en la pestaña **Eventos**. Al hacerlo, filtrará todos los resultados que no se corresponden con eventos.

3. Haga clic en el nombre de un evento para ver su perfil. La página que aparece describe en detalle el evento, y muestra aquellas personas que han

Explorar eventos

Al explorar eventos, aparece en primer lugar una lista de todos los eventos organizados en Facebook, pero puede reducir el número de resultados obtenidos en función de una serie de criterios. Siga los siguientes pasos:

1. En el menú **Aplicaciones** seleccione **Eventos**. Aparecerá la página del mismo nombre, con la pestaña **Eventos próximos** seleccionada. Si ha indicado que asistirá a algún evento, éste aparecerá aquí.

2. Haga clic en **Buscar eventos**. En la página **Explorar eventos** que aparece se muestran todos los eventos que se celebrarán en los próximos 30 días, y que están asociados con sus redes.

> **NOTA**
> Facebook no muestra de forma automática los eventos asociados con su red global, aunque puede buscarlos. Los eventos de red global son un tipo especial de eventos: al no estar vinculados a ningún lugar concreto, no son adecuados para organizar reuniones cara a cara. La gente los usa para cosas como reuniones a medianoche, anuncios políticos y promoción de programas de radio a través de Internet.

3. Reduzca su búsqueda. Para ello puede:

- Ver eventos relacionados con una red (incluyendo aquí la red global), seleccionándola en el menú desplegable del mismo nombre.

- Ver todos los eventos que van a celebrarse en la próxima semana o mes, seleccionando una de estas opciones en el menú desplegable **Fecha**.

- Ver sólo ciertos tipos de eventos (como fiestas, o encuentros relacionados con sus estudios), seleccionando la categoría en el menú **Tipo**.

Ver los eventos de sus amigos

Echar un vistazo a los eventos a los que van a asistir sus amigos puede ser algo muy esclarecedor (¿Juan va a un congreso de tejedores de punto? ¡No me lo puedo creer!). También puede ser una buena fuente de información para aquellos eventos a los que podría estar interesado en asistir. Para ello, seleccione **Eventos** en el menú **Aplicaciones**. A continuación, en la página que aparece, haga clic en la pestaña **Eventos de amigos**.

Confirmar la asistencia a un evento

Sin duda podría presentarse en un evento sin confirmar su asistencia antes, pero eso sería bastante grosero. También significaría que se ha perdido todos los beneficios que ofrecen las redes sociales de Facebook, ya que cuanto antes confirme la asistencia a un evento, antes sabrán sus amigos al lugar al que se dirige (y, quién sabe, puede que se unan a la diversión).

> **NOTA**
> En función de la configuración que el administrador haya establecido para el evento, otras personas de la red asociada con el evento podrán ver las reuniones a las que planea asistir.

Hay dos formas de confirmar la asistencia a un evento:

- Si ha recibido una invitación sólo tiene que responder a ella, siguiendo las instrucciones que aparezcan en el correo electrónico o en la notificación de Facebook. Pueden invitarle a cualquier tipo de evento (público, privado o secreto), pero la única forma de confirmar la asistencia a un evento secreto es respondiendo a una invitación, ya que es la única forma de saber que se celebra este tipo de evento.

NOTA

Para solicitar la invitación a un evento cerrado, haga clic en el vínculo **Información de contacto** en el perfil de éste para enviar una solicitud por correo electrónico al administrador del evento.

- Si no fue invitado de forma específica vaya al listado de eventos o al perfil del evento en concreto, y haga clic en **Agregar a mis eventos**. Si el evento es público, no tiene que hacer nada más. Facebook actualiza el perfil del evento para confirmar que usted asistirá, y le ofrece nuevas opciones que pueda utilizar para modificar su respuesta (por ejemplo a "quizá" si cambia de planes) o para invitar a otras personas. Facebook también añade ese evento a la pestaña **Próximos eventos** de la página

Eventos (a la que puede acceder a través del menú **Aplicaciones** haciendo clic en **Eventos**).

NOTA

Poder incluirse o no en la lista de invitados, invitar a otras personas, ver la lista de invitados, escribir en el muro del evento, interactuar con las opciones del perfil del evento... todas estas opciones dependerán de la configuración del evento por parte de su administrador.

Crear sus propios eventos

Es muy fácil crear sus propios eventos, independientemente de que se trate de la promoción de un producto, iniciar un grupo de estudio en la cafetería del campus o celebrar una reunión de la comunidad de vecinos.

TRUCO

Si un evento está vinculado a un grupo de Facebook que usted creó o del cual ha sido hecho administrador (digamos que quiere organizar una reunión mensual cara a cara de su grupo de lectura) probablemente querrá dirigirse a la página de perfil de su grupo, hacer clic en **Crear evento relacionado** y seguir los pasos 2 a 6 que aparecen a continuación. Al hacer esto estará indicando a Facebook que su grupo es el anfitrión del evento, y le permitirá invitar a todos los miembros del grupo a la vez, haciendo clic en el vínculo **Invitar a miembros** que aparece en la pestaña **Paso 3: Lista de invitados**.

Siga los pasos que se indican a continuación:

1. En el menú **Aplicaciones** seleccione **Eventos**.

2. En la página que aparece haga clic en **Crear un Evento**.

3. En la pestaña **Paso 1: Información del Evento** rellene cuantos más campos mejor. Algunos campos son obligatorios, aunque debería rellenar todos los campos que pueda. Al hacer esto, la gente podrá encontrar su evento con mayor facilidad, ya que podrán buscar empleando cada una de las palabras que usted incluya. También permitirá que la gente pueda confirmar la asistencia a los eventos, ya que cuantas más personas conozcan la reunión, mayor será la asistencia.

Si rellena los campos Calle y Ciudad/pueblo, Facebook mostrará un práctico mapa en el perfil del evento.

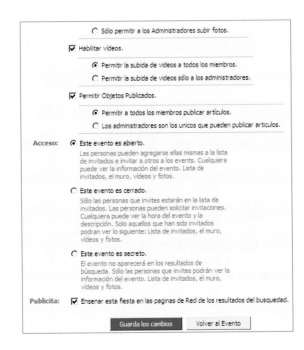

4. Decida lo abierto que quiere que sea su evento. Facebook asume por defecto que desea que su evento esté abierto a todo el mundo, de forma que cualquier persona pueda ver el perfil de éste y asistir, así como que todos los asistentes puedan contribuir a él subiendo fotografías, vídeos, vínculos y mensajes en el muro. Si está de acuerdo con esto (por ejemplo, si su evento es de este tipo y aparece publicitado en el periódico local, o se trata de uno del tipo "asiste sólo en espíritu") no tiene que hacer nada. De no ser así, tendrá que configurar las opciones de su evento, seleccionando y deseleccionando casillas y botones. La descripción que aparece junto a cada opción le dará una idea muy clara sobre lo que hace cada una.

5. Haga clic en Crear un Evento. Facebook mostrará una versión de su evento con la información estrictamente necesaria, de forma que la gente pueda encontrarlo en sus búsquedas.

6. En la pestaña Paso 2: Personalizar elija la imagen que quiere que aparezca en el listado de eventos, y haga clic en Subir imagen. En realidad, este paso es opcional, pero una fotografía o logotipo ayudarán a que su evento sea mucho más atractivo.

No se obsesione con las opciones que tiene que elegir para su evento. Siempre puede modificarlas más tarde haciendo clic en el vínculo Editar Evento en el perfil de éste.

7. Invitar a algunas personas. Facebook muestra a sus amigos y sus listas de amigos en la pestaña **Paso 3: Lista de invitados**. Todo lo que tiene que hacer para invitarlos es elegir quién quiere que asista y hacer clic en **Agregar**.

DE COMPRAS

Como parte de su intento de ser la única página Web que necesite visitar, Facebook le ofrece sus propios anuncios clasificados. Esta característica se denomina **Mercado**. Los anuncios que aparecen en el mercado dependen de las redes a las que pertenezca.

> **NOTA**
>
> Mercado es una característica de Facebook relativamente reciente, por lo que aún no funciona tan bien como otros portales de anuncios clasificados como **Anuntis.com** (algunos expertos creen que nunca llegará a igualarlo). Lo que sí es cierto es que el mercado de Facebook facilita enormemente las ventas locales: los cachorros de los que se quiere desembarazar, los libros de texto que acumulan polvo en el rincón, el empleo en el campus que está buscando. Cualquier cosa que tenga interés para sus amigos o compañeros de red es un candidato para Mercado.

Y, a diferencia de lo que sucede con los anuncios que aparecen en su periódico local, puede usar Facebook para saber más sobre la persona que ha publicado el anuncio antes de contactar con él. Asimismo, cómo verá en este capítulo, puede usar el mercado de Facebook para comprar o vender cosas.

El Mercado de Facebook

El **Mercado** de Facebook es una aplicación que le permite tanto publicar como responder a anuncios. Para usarla busque **Marketplace** en el campo **Búsqueda**, haga clic en **Facebook Marketplace** y hágase fan. Puede usar **Mercado** para anunciar que quiere alquilar un piso o vender un sofá (cualquier cosa que esté buscando o de la que quiera librarse). Puesto que al publicar un anuncio en **Mercado** tiene que elegir en qué redes quiere que aparezcan, los anuncios que vea serán aquellos a los que será más probable que quiera responder. Es decir, si busca todos los anuncios que aparecen en **Mercado** asociados con la red de Madrid, no verá ningún anuncio sobre alquiler de cocheras en Barcelona.

> **NOTA**
>
> Mercado no acepta la publicación de anuncios sobre artículos ilegales o de mal gusto, tales como drogas, explosivos o artículos que fomenten el odio. Para poder ver la lista de artículos prohibidos, vaya al menú **Aplicaciones**, haga clic en Mercado y a continuación en el vínculo **Ayuda** que aparece en la página de inicio de Mercado. Por último, haga clic en la palabra **Here** que aparece en la frase **Click here to view the Marketplace guidelines** (la lista de artículos no permitidos aparece en inglés, pero pueden resumirse en lo siguiente: no compre ni venda artículos prohibidos por la legislación de su país).

Los filtros de sus amigos: anuncios de sus conocidos

Gracias a la información de las redes sociales (quién es amigo de quién) que almacena Facebook, esta plataforma da un paso más allá del concepto habitual de sección de anuncios, que excede incluso el modelo de la popular página Anuntis.com. En el **Mercado** de Facebook puede:

- **Buscar sólo entre aquellos anuncios que hayan sido publicados por sus amigos:** Si se les ofrece esa opción, la mayoría de la gente preferirá hacer tratos con conocidos que con extraños. Facebook le proporciona dos formas de hacer esto: la página **Anuncios de mis amigos** y la sección **Mercado** del perfil de su amigo.

- **Saber más sobre el comprador comprobando si tienen amigos en común:** Probablemente el anuncio "se busca compañero de piso" suene bien, pero antes de llamar, ¿no sería genial comprobar si esta persona y usted tienen amigos mutuos y preguntarle a éstos cómo es?

Coste: gratuito. Riesgo: por su cuenta

Por el momento, publicar anuncios en **Mercado** es gratis. No hay que pagar ni para publicar anuncios ni para responder a ellos (aunque puede pagar para que sus anuncios aparezcan en una ubicación destacada o con un formato más atractivo). Si responde a un anunciante, es su responsabilidad contactar con el vendedor y negociar las condiciones de pago. Facebook no se implica en este proceso, por lo que debe tener cuidado. Si paga a alguien por su colección de latas de cerveza, y esta persona coge el dinero y sale corriendo, Facebook no le ayudará a recuperar su dinero.

Publicar un anuncio

Publicar un anuncio en Internet es algo de lo más normal y, por supuesto, Facebook no iba a ser menos. La forma en la que puede publicarse un anuncio varía en función de si lo que quiere anunciar es algo que desea vender, alquilar, librarse de él, o, por el contrario, se trata de algo que quiere comprar. En este apartado se le indica cómo hacer ambas cosas.

NOTA

Facebook se esfuerza en dar un rostro amable a sus anuncios, por lo que es un lugar perfecto para publicar anuncios que no tendrían lugar en un periódico, como por ejemplo "Busco ayuda para la mudanza" o "Se busca a alguien para que dé de comer a mi loro mientras estoy de vacaciones".

Librarse de algo

Para publicar un anuncio sobre un artículo que quiera vender, alquilar o librarse de él:

1. En el menú **Aplicaciones**, haga clic en **Mercado**.

2. En la página que aparece, haga clic en **Agregar un nuevo anuncio clasificado**.

3. Seleccione la categoría que describa mejor lo que tiene que ofrecer. Sus opciones son **Oferta**, Oferta de **vivienda**, **Oferta de empleo**, **Artículos gratuitos** y **Otros (oferta)**. Al hacer clic en una de estas categorías aparecerá una serie de subcategorías (si por ejemplo hace clic en **Oferta** podrá elegir entre **Libros**, **Muebles**, **Entradas**, **Electrónicos**, **Automóviles** y **Otros**). Si no está seguro sobre qué categoría debe elegir, haga clic en el vínculo **Ejemplo**. Continúe haciendo clic para reducir la lista de categorías, hasta que aparezca un formulario que incluya campos para el nombre del artículo, una descripción de éste y otros detalles.

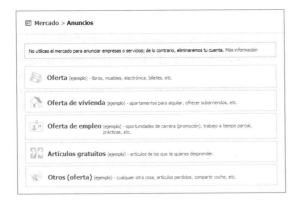

4. Rellene el formulario y haga clic en **Crear anuncio clasificado**. Los campos que aparecen van a depender del artículo que quiera vender. Por ejemplo, no verá un campo para el precio en la categoría de artículos gratuitos, ni los campos horario o sueldo a menos que esté ofreciendo un puesto de trabajo.

Hay cinco campos a los que debe prestar atención (aparecen en todos los formularios de anuncios):

▶ **Perfil**: Deje esta casilla activada a menos que no quiera que su anuncio aparezca en su perfil (por ejemplo, en el caso de que sea un culturista de 300 kilos de peso que vende su colección de muñecas Barbie). Al activar esta casilla, la información de su perfil no se ve comprometida. Las personas que no pueden ver su perfil seguirán siendo incapaces de ver la información que contiene.

▶ **Mostrar anuncio**: Facebook selecciona de forma automática todas las redes de las que forma parte. Si no quiere que su anuncio aparezca en una red en concreto, deseleccione la casilla que aparece junto al nombre de ésta. En la mayoría de las ocasiones, querrá que su anuncio aparezca en todas las redes de las que forma parte, ya que esto aumentará las posibilidades de que este artículo se venda (el número que aparece tras el nombre de la red es el número de miembros de la red).

▶ **Privacidad**: Si el artículo que tiene a la venta no está vinculado a una red específica (por ejemplo, está vendiendo un libro de texto que es usado en más de un colegio) querrá mantener esta casilla activada.

▶ **Foto(s)**: Las imágenes ayudan a vender, por lo que intente añadir al menos una (Facebook le permite añadir varias).

Si no añade una imagen, la gente verá el gráfico genérico que Facebook muestra en estos casos. Las personas que visiten su anuncio asumirán que su artículo se encuentra en tan mal estado que usted no quiere mostrarlo.

▸ **Directrices de Mercado:** Técnicamente, no se trata de un campo, sino de un vínculo. Haga clic en él si tiene alguna duda sobre las políticas de Facebook aplicadas a los anuncios. En pocas palabras, el artículo que vende debe pertenecerle, no puede comercializar artículos ilegales, peligrosos o de mal gusto, y por último, no puede demandar a Facebook si compra un limón. Lea estas directrices al menos una vez, para así conocer las condiciones con las que está de acuerdo al hacer clic en **Crear anuncio clasificado**.

5. Decida cómo (y si desea) promocionar su artículo. Una vez haga clic en **Crear anuncio clasificado**, Facebook añade su anuncio a **Mercado**. Cualquier miembro de las redes que usted elija (así como fuera de esas redes también si ha seleccionado la casilla **Privacidad**) podrá ver su anuncio.

Además, Facebook muestra un vínculo llamado **Promociona tu anuncio con Anuncios de Facebook**. Si hace clic en él, podrá dirigir tráfico a su anuncio, bien creando un **anuncio social** (un anuncio que va dirigido a un grupo concreto de miembros de Facebook) o una página (un tipo de perfil especial para grupos de música, famosos, negocios y organizaciones sin ánimo de lucro). Véase el capítulo 13 para saber más sobre estas opciones.

Anuncios clasificados

A continuación se indica cómo publicar un anuncio sobre un artículo, un trabajo o un puesto que le gustaría encontrar (por ejemplo, un anuncio para encontrar compañero de piso):

1. En el menú **Aplicaciones**, haga clic en **Mercado**.

2. En la página que aparece, haga clic en **Agregar nuevo anuncio clasificado (oferta o demanda)**.

3. Seleccione la categoría que describa mejor aquello que está buscando. Puede elegir entre **Artículos deseados**, **Se busca vivienda**, **Buscando trabajo** y **Otras cosas deseadas**. Al hacer clic en una de estas categorías, aparecerán una serie de subcategorías. Continúe haciendo clic en las subcategorías que corresponda hasta que aparezca un formulario con los campos con el nombre de aquello que está buscando, una descripción y otros detalles.

4. Siga los pasos 4 y 5 del apartado anterior. El resto del proceso es idéntico a los pasos que hay que seguir para publicar un anuncio de algo de lo que quiere librarse.

Modificar su anuncio

Digamos que ha publicado un anuncio en **Mercado** y de repente se da cuenta de que ha olvidado incluir un detalle de importancia. No se preocupe. Facebook pone muy fácil:

- **Ver su propio anuncio:** Para ver un anuncio creado por usted, vaya al menú **Aplicaciones**, y haga clic en **Mercado**. A continuación, en la página de inicio de mercado, seleccione **Mis anuncios**. Para ver todos los detalles de un anuncio, busque en esta página el nombre de su anuncio y haga clic en él.

- **Editar su anuncio:** Puede modificar su anuncio en cualquier momento. En la página **Mis anuncios** (haga clic en **Mercado** en el menú **Aplicaciones**, y

a continuación haga clic en este vínculo), vaya al anuncio que desea modificar y haga clic en **Editar**. En la página que aparece, lleve a cabo las modificaciones que sea necesario, y haga clic en **Actualizar anuncio** cuando haya terminado.

- **Eliminar su anuncio:** Para eliminar su anuncio, haga clic en la página **Mis anuncios**, diríjase al anuncio que quiere retirar y haga clic en **Borrar**. A continuación, en el cuadro de confirmación que aparece, haga clic en **Sí** (si está eliminando el anuncio porque vendió el artículo) o en **No** (si está eliminando el anuncio por otro motivo). Por último, haga clic en **Eliminar**.

Encontrar artículos

Facebook le proporciona diferentes formas de encontrar en **Mercado** lo que está buscando. Desde la página de inicio de mercado (haciendo clic en el menú **Aplicaciones**, y a continuación en **Mercado**) puede:

- **Buscar anuncios por red:** Facebook asume que querrá ver anuncios asociados con su red principal, aunque puede ver los anuncios que aparecen en otras redes haciendo clic en la pestaña **Otro...** En el cuadro que aparece, escriba el nombre de una ciudad o de una red, y a continuación haga clic en **Explorar red**.

elija, verá subcategorías adicionales, así como cuadros que podrá emplear para reducir su búsqueda, introduciendo precios mínimos y máximos, así como estado del artículo.

€4.000 - Daihatsu Feroza
4x4 ligero pero resultón. Asientos abatibles. En buen estado.
Anunciado por Pablo Rodríguez Alonso en Oferta : Automóviles | Denunciar

miércoles, 01 de octubre de 2008

▶ **Ver los anuncios que han publicado sus amigos:** En la página de inicio de Mercado, haga clic en el vínculo Anuncios de mis amigos.

Responder a un anuncio

Por razones de privacidad, los anuncios de mercado raramente incluyen información de contacto, como por ejemplo un número de teléfono. En su lugar, para responder a un anuncio se envía un mensaje de Facebook. Siga los siguientes pasos:

1. En la página de inicio de Mercado (para acceder a ésta haga clic en el vínculo Mercado del menú Aplicaciones), haga clic en el nombre del anuncio al que quiere responder. Facebook mostrará todo el contenido del anuncio, junto con las imágenes de éste (si la persona que lo publicó las incluyó).

▶ **Buscar anuncios por categoría:** Si lo que necesita es un trabajo, no tiene sentido ver los anuncios de casas en venta. Para ver todos los anuncios de trabajo asociados con una red haga clic en el vínculo Empleos. Si lo que busca son artículos gratuitos, seleccione Artículos gratuitos, etc.

▶ **Buscar un elemento dentro de una categoría:** Para buscar dentro de una categoría, escriba en el campo de búsqueda el nombre del artículo que está buscando (por ejemplo, "gatito" o "adosado"), y a continuación seleccione una categoría (Oferta, Ofertas de vivienda, Ofertas de empleo, etc.) en el menú desplegable. En función de la categoría que

Facebook anima a que sus propios miembros sean los guardianes de la red. Si encuentra un anuncio que le incomoda (bien porque se encuentre en la categoría errónea, o bien porque se trate de material que fomente el nazismo) puede hacer clic en el vínculo **Denunciar** que aparece junto a cada anuncio. De esta forma, podrá avisar al equipo de Facebook.

Mercado

€4.000 - Daihatsu Feroza

Anunciado por Pablo Rodríguez Alonso el 27 de octubre.

Oferta · Automóviles | 1 views | Denunciar

Condición: usado

4x4 ligero pero resultón. Asientos abatibles. En buen estado.

Aparece en Universidad Complutense de Madrid.

Compartir

Foto 1 de 2

Envía un mensaje a Pablo

Ver como página completa

Close

2. Haga una rápida comprobación. Echar un vistazo al número de veces que este anuncio ha sido visitado (el número aparece bajo el nombre de la persona que ha publicado el anuncio) le dará una idea sobre si el artículo aún está disponible. A continuación, haga clic en el nombre de la persona que publicó el anuncio. Esto le llevará al perfil de esta persona, el cual podrá explorar para decidir si quiere hacer un trato con esta persona.

Cualquier amigo que tenga en común con la persona que ha publicado el anuncio aparecerá en la sección **Amigos mutuos** del perfil de ésta. Si tienen amigos mutuos, no le hará daño preguntar a esta persona sobre quien publica el anuncio antes de responder a éste.

3. Para responder al anuncio, haga clic en el vínculo **Envía un mensaje a [Nombre]**. A continuación, rellene los campos **Asunto** y **Mensaje**, y haga clic en **Enviar**.

9

CONTRATAR Y SER CONTRATADO

En la vida real, las empresas contratan y despiden a sus empleados en función de la información que consiguen a través de sus conocidos (es decir, a través de sus redes sociales): "¿Buscas un programador? ¡Mi cuñado es el mejor informático del mundo! Éste es su teléfono". O "Están buscando a un entrenador en mi gimnasio. Deberías enviarles tu currículum".

Puesto que la principal razón de ser de Facebook es la interacción social, no debería sorprenderle que este sitio sea de gran ayuda para buscar trabajo. En este capítulo se indica cómo manejarse en el mundo laboral desde ambos lados. Si está buscando a un trabajador o a alguna persona en prácticas, puede usar Facebook para buscar personal y conocer los antecedentes del candidato. Si por el contrario está buscando trabajo, podrá echar un vistazo a las ofertas disponibles y establecer relaciones con personas que podrían ayudarle a conseguir el empleo que está buscando.

Contratar nuevos empleados

Técnicamente, a menos que se una a uno de los programas oficiales de publicidad de Facebook, tales como los **Grupos patrocinados**, anunciarse para ser contratado (o anunciarse para cualquier otra cosa) está completamente prohibido según los términos de uso de la página.

Elija o no pagar para ofrecer sus vacantes en esta página, quizá la característica de mayor utilidad de Facebook es cómo hacer que su red social identifique ofertas de trabajo y candidatos para usted.

Publicidad pagada

Si su empresa cuenta con el presupuesto para ello, puede que quiera pagar por algún tipo de publicidad como los **Grupos patrocinados**, dedicados a contratar personal. Estas campañas de *marketing* (cuyo precio supera las seis cifras) permiten a los empresarios describir el funcionamiento de sus empresas, el tipo de empleados que buscan, qué ofertas de trabajo y de prácticas tienen en la actualidad, y otros detalles de importancia. Elementos como folletos que puedan ser descargados, fragmentos de audio y vídeo, vínculos a comunicados de prensa y encuestas ayudan a los empresarios a que corra la voz. Los foros de debate y los muros de los grupos patrocinados permiten a los candidatos formular preguntas y enviar mensajes directamente al personal de recursos humanos de la empresa.

NOTA

Hay rumores sobre que los grupos patrocinados podrían pasar a convertirse en **Páginas** en un futuro no muy lejano. Véase el capítulo 11 para saber más.

Usar los grupos comunes de Facebook

Si su empresa no dispone de los fondos suficientes para buscar empleados en Facebook, dispone de otras opciones. Una de ellas es crear un grupo, y usarlo para describir su empresa y el tipo de puestos que necesita cubrir.

Los grupos comunes no tienen el diseño de los patrocinados, aunque su precio no está nada mal (son gratis). Sin embargo debe tener cuidado: Facebook decide qué es publicidad y qué no, y el castigo por infringir los términos de uso puede ser expulsarle de la página. Para mantenerse a salvo, asegúrese de ser discreto con los mensajes que publique para buscar trabajadores. Para crear un grupo relacionado con su empresa que sea efectivo (y que no tenga como resultado que le expulsen de Facebook):

▶ Al crear su grupo, asegúrese de que selecciona la categoría **Negocio**.

▶ Incluya un vínculo a la página Web de su empresa.

▶ Proporcione una dirección de correo electrónico de algún empleado de su departamento de recursos humanos.

▶ Publique sus ofertas de trabajo en la sección **Noticias recientes**.

▶ No use su grupo para anunciar sus productos (para ello, lo mejor es que eche un vistazo a las **Páginas** de Facebook, que son gratuitas).

▶ Siga de cerca los hilos de su foro de discusión. Lo más probable es que quiera contactar con los posibles candidatos lo más pronto posible.

En el momento en el que este libro ha entrado a la imprenta, las políticas de publicidad y marketing de Facebook están experimentando grandes cambios, entre los que se incluye la introducción de las **Páginas patrocinadas**, que podrían sustituir a los grupos de empresa, o al menos afectar a su uso.

Publicar un anuncio en Mercado

Una de las primeras cosas que probablemente hará alguien que busca trabajo es comprobar el **Mercado** de Facebook. Publicar un anuncio del tipo "Se busca" es fácil y rápido.

Asegúrese de que incluye su anuncio en la categoría adecuada. De otro modo, será muy difícil de encontrar. Por tanto, al rellenar los campos del formulario de trabajos, emplee algo de tiempo en asegurar qué categoría de la lista desplegable **Tipo de trabajo** se ajusta mejor al puesto que está intentando cubrir.

Anunciar un puesto de trabajo a sus amigos

La verdadera fortaleza de Facebook es la forma en que le permite establecer relaciones con otras personas a través de amigos y conocidos comunes. Y lo mejor es que no tiene que ir a una fiesta para estar en contacto con ellos. A continuación se indica cómo sacar el máximo rendimiento a estas relaciones:

1. Asegúrese de que la configuración de privacidad permite que corra la voz. Véase el capítulo 13 para saber más sobre cómo ajustar la configuración de privacidad de sus noticias recientes y de sus mininoticias.

2. Incluya en su muro (o en el muro de uno de sus amigos) su oferta de trabajo. Sea preciso (y breve, lo mejor es incluir menos de 20 palabras) sobre el tipo de candidato que está buscando. Este anuncio no sólo aparecerá en el muro para que lo encuentren los posibles candidatos, sino que todos sus amigos lo recibirán en sus canales de noticias.

3. Si usted (u otra persona de su empresa) ha creado un listado en **Mercado**, compártalo. Al hacer clic en el icono **Compartir** que aparece en la parte inferior del listado podrá incluirlo en su perfil o enviarlo directamente por correo electrónico a aquellas personas que usted crea que puedan estar interesadas.

Este tipo de anuncio es lo suficientemente discreto como para no levantar ampollas. Y si alguno de sus amigos está interesado en el puesto (o conoce a alguien que lo está), sabrán cómo ponerse en contacto con usted.

Saber más sobre los candidatos

Investigar el entorno de los posibles candidatos a través de la red (sobre todo para los puestos de trabajo relacionados con la informática y la industria de alta tecnología) es muy común a día de hoy. Es barato, rápido y permite conocer cosas sobre los candidatos que no es posible distinguir a través de las entrevistas de trabajo o de los currículos.

▼ **Amigos**
1 amigo.   Ver Todos

Elena
Martínez

> NOTA
>
> También puede intentar publicar un anuncio de empleo en un foro de discusión sobre negocios.

Sólo se tarda un par de segundos en investigar el entorno de un candidato: sólo tiene que ir al cuadro de diálogo **Buscar** (que aparece en la esquina superior izquierda de cualquier ventana de Facebook), escriba el nombre de la persona y pulse **Intro**. La información sobre la persona a la que pertenece el perfil puede ser verdadera o no. En cualquier caso, le será de utilidad. Además de ciertas cuestiones obvias (como por ejemplo que aparezcan fotografías del candidato desnudo), compruebe si cuenta con amigos mutuos que puedan proporcionar más información sobre el candidato (si usted y el candidato tienen amigos en común, éstos aparecerán en la sección del mismo nombre en el perfil de éste).

> TRUCO
>
> Al hacer clic en el botón **Compartir,** que aparece en la parte inferior de un perfil, podrá enviar esa información a otros miembros de su equipo de recursos humanos.

> TRUCO
>
> Si tiene problemas para encontrar el candidato adecuado en Facebook, pero tiene motivos para creer que esta persona es miembro de la plataforma, consulte en el departamento de recursos humanos si alguno de sus empleados pertenecía a la misma hermandad o trabajaba para el mismo ex-jefe que su candidato. Si es así, quizá esa persona pueda acceder al perfil del candidato, ya que esta persona podrá unirse a las redes de Facebook de las que forma parte el candidato.

Buscar trabajo

Facebook es una herramienta excelente para cualquier persona que esté buscando trabajo. Puede usar su perfil no sólo como una combinación multimedia de currículum y *portfolio*, sino también para establecer relaciones sociales de carácter profesional, así como para sacar provecho de la experiencia y contactos de sus amigos. Siga leyendo para saber cómo.

Si realiza una búsqueda rápida en el directorio de aplicaciones de Facebook (con los términos "trabajo" o "empleo") encontrará docenas de aplicaciones diseñadas para ayudarle a encontrar el trabajo que busca. Véase el capítulo 12 para saber cómo encontrar e instalar estas aplicaciones.

Convertir su perfil en un currículum

Si está considerando seriamente la posibilidad de usar Facebook para buscar empleo, la primera cosa que debe hacer es asumir que cualquier empleador potencial podrá ver su perfil al completo, por lo que debe de crear uno en consecuencia con esto. No querrá perder el trabajo de sus sueños a causa de un comentario estúpido, una fotografía demasiado indiscreta, o por la pertenencia a un grupo que fomenta actividades ilegales. Quizá usted crea que todo esto es una broma, pero eso no importa. Si tiene un perfil poco profesional, un posible empleador pensará al verlo que usted tiene poco juicio, así como una completa falta de comprensión de la forma en que funciona la Red.

A continuación se indican algunas formas de mejorar su perfil para ayudarle a encontrar trabajo:

◗ **Rellene todos los campos de las secciones Educación y Empleo de su perfil:** Use todas las palabras de moda en el campo de la industria que pueda en el campo Descripción.

◗ **Describa todas las habilidades que posea relacionadas con su trabajo en los campos Actividades e Intereses de la pestaña Personal de su perfil:** Estos campos son fáciles de buscar por parte de potenciales empleadores, por lo que incluya en éstos la descripción de sus habilidades profesionales e interpersonales.

◗ **Lleve a cabo actividades relacionadas con su trabajo en Facebook:** Publique notas dignas de admiración de forma regular, y que estén relacionadas con su trabajo actual o con sus intereses relacionados con éste. Cree grupos de interés relacionados con el mundo profesional, suba ejemplos de su trabajo (informes, presentaciones, fragmentos de audio o vídeo, imágenes o aplicaciones que haya escrito) y establezca tantas relaciones como pueda con miembros de su área profesional.

◗ **Preséntese de forma profesional:** Mantenga lejos de su perfil las aplicaciones relacionadas con los *zombies* y los horóscopos. Asimismo, no escriba nada en la pizarra de cualquier usuario que pueda hacerle sentir incómodo (del mismo modo que no escribiría nada políticamente incorrecto en la pizarra blanca de su oficina).

- **Edite las preferencias de sus canales para saber cuándo sus amigos añaden a otros amigos:** Esto le pondrá sobre aviso en relación a contactos potenciales. Vaya al perfil del amigo recientemente añadido, lea los contenidos de éste, y si cree que es apropiado, preséntese como "amigo de un amigo".

- **No asuma que sus potenciales empleadores no puedan acceder a sus redes o a su perfil:** Lo más probable es que puedan y que lo hagan.

Uso de Mercado

Facebook espera que **Mercado** se convierta en el lugar por excelencia para todo lo relacionado con los empleos (y con los sofás, y los compañeros de piso, y todos los intercambios de la vida cotidiana). **Mercado** es una aplicación relativamente reciente, aunque su uso está creciendo rápidamente. Sin embargo, en el momento en que este libro ha entrado en imprenta, el número de listados relacionados con ofertas de empleo aún es bastante escaso (es decir, portales como opcom o monster.es aún no se sienten demasiado amenazados por este nuevo competidor). Aun así, merece la pena emplear algo de tiempo echando un vistazo a mercado. En éste podrá:

- **Ver las ofertas de empleo disponibles:** Sólo necesitará un par de segundos para comprobar si hay alguna oferta de trabajo disponible en la zona en que vive o para su área de experiencia. Para acceder a éstas, en el menú **Aplicaciones** haga clic en **Mercado**. En la página que aparece, haga clic en **Empleos**.

En la página que aparece podrá ver que junto a cada categoría aparece una cifra (esto es, el número de ofertas de trabajo en cada categoría). Si no ve ningún número quiere decir que no hay ofertas de trabajo. Si aparece un número junto a una categoría de empleos en la que esté interesada, haga clic en el nombre de ésta para ver los listados.

- **Buscar ofertas de trabajo:** Si sabe exactamente lo que está buscando (por ejemplo, un puesto, una ubicación o una empresa en concreto) puede obtener resultados de forma más rápida buscando en **Mercado** en lugar de echando un vistazo a todas las ofertas disponibles. Para ello, vaya a la parte superior de la página **Empleos**, y haga clic en la pestaña que corresponda a la red en la que quiere llevar a cabo su búsqueda (si no ve la pestaña que está buscando, haga clic en la pestaña **Cambiar** para elegir una red diferente). Escriba el nombre del puesto de trabajo que está buscando en el cuadro de diálogo **Buscar** y elija una categoría profesional (por ejemplo **Contabilidad/Finanzas**) en el menú desplegable que aparece junto al cuadro de diálogo. Por último, haga clic en **Búsqueda** para ver los listados que coinciden con sus criterios.

Puede ver ofertas de trabajo en otras redes, incluso en aquellas redes geográficas de las que no forme parte. Para ello, desde la página de **Empleos** (vaya al menú **Aplicaciones**, haga clic en **Mercado** y seleccione **Empleos**), haga clic en la pestaña **Otros**. A continuación, en el cuadro de diálogo que aparece, escriba el nombre de una red o de una ciudad. Cuando Facebook muestre una lista de sugerencias, elija una de las opciones que aparecen, y a continuación haga clic en el botón **Explorar red**. Lamentablemente, no puede buscar en redes profesionales o académicas de las que no forme parte.

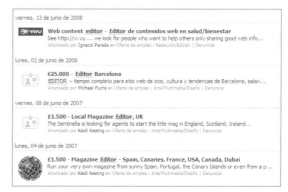

▸ **Publicar un anuncio del tipo "Estoy buscando trabajo":** Aunque probablemente no es la forma más rápida de encontrar trabajo, crear un anuncio del tipo "Ésta es mi experiencia y esto es lo que busco" en **Mercado** no va a causarle ningún perjuicio (y es fácil de hacer). En el menú **Aplicaciones** haga clic en **Mercado**. A continuación, en la parte derecha de la página que aparece haga clic en **Agregar nuevo anuncio clasificado (Demanda)**. Podrá ver la página **Buscado**. En ella, seleccione la categoría **Buscando trabajo** y rellene el formulario que aparece para crear su listado.

> **TRUCO**
>
> Incluya tantas palabras clave relacionadas con el mundo laboral como pueda en el campo **Objetivo/Habilidades** para facilitar la búsqueda a los potenciales empleadores (sobre todo si sus habilidades son excepcionales). Asimismo, asegúrese de que todas las casillas de verificación están seleccionadas, para que así su listado pueda ser visto por el mayor número de personas.

Redes de contactos

Facebook se basa en las redes de contactos (saber quién es quién, y permitir a todas estas personas saber lo que puede ofrecerles). A continuación se indican algunas formas de usar sus habilidades relacionadas con este campo para buscar trabajo:

◦ **Unirse a grupos relacionados con actividades empresariales y asistir a eventos del mismo tipo:** Al hacerlo estará mostrando al mundo que está realmente interesado en su campo laboral. Asimismo le proporcionará la oportunidad de establecer contactos en persona, y estar al día sobre lo que está sucediendo en su área de trabajo. Si no encuentra un grupo o un evento que cumpla estos requisitos, cree uno.

◦ **Realice una búsqueda avanzada para seguirle la pista a antiguos compañeros de trabajo así como a sus contactos actuales:** Es fácil empezar una conversación cuando se puede hacer referencia a datos concretos del perfil de una persona ("¡Qué pequeño es el mundo, Pablo! ¡Yo también he hecho el doctorado tras dejar de trabajar para Telefónica!"). Para llevar a cabo una búsqueda avanzada, en la esquina superior izquierda de cualquier ventana de Facebook haga clic en Buscar.

- **Permita que sus amigos sepan lo que está buscando:** En lugar de sólo enviar mensajes privados, piense en ajustar la configuración de sus canales de noticias, y a continuación escriba una nota breve en su muro sobre el tipo de trabajo que desea.

TRUCO

Para ver los grupos de los que son miembros sus amigos, vaya al menú Aplicaciones y seleccione Grupos. A continuación eche un vistazo a la lista Grupos a los que tus amigos se han unido recientemente que aparece. Para ver los eventos a los que van a asistir sus amigos, vaya al menú Aplicaciones, haga clic en Eventos y seleccione la pestaña Eventos de amigos.

CAPÍTULO

10

COLABORACIÓN EN PROYECTOS
A TRAVÉS DE FACEBOOK

Los programas de trabajo en grupo, de gestión de volumen de trabajo y otras herramientas de colaboración han estado presentes y disponibles durante mucho tiempo. Con su política de puertas abiertas y de respeto a la privacidad, Facebook no es un sustituto para programas de colaboración de calidad como Lotus Domino o Novell Groupwise. A pesar de esto, puede que descubra que algunas de las herramientas de Facebook son una forma útil (y gratuita) de contribuir a que su equipo lleve a cabo el trabajo de forma rápida. En este capítulo se detalla el uso de las herramientas de mensajería de Facebook, así como de las herramientas de suscripción (que ya se introdujeron en el capítulo 7) para su aplicación en el campo empresarial. Podrá leer cómo emplear estas herramientas para mantener a los miembros de su equipo, a sus compañeros de trabajo y a sus clientes a su alcance, así como entregar sus proyectos a tiempo y dentro del plazo.

Mantenerse en contacto

Las mismas características de Facebook que le permiten a usted y a sus amigos "hablar" a través de la Red (**Mensajería**, **Eventos**, **Grupos** y **Notas**) pueden ayudarle a mantener su relación al día con sus compañeros de trabajo, clientes y usuarios.

> **NOTA**
>
> Un estudio reciente llevado a cabo por CNET.com indica que casi la mitad de las empresas bloquean el acceso a las páginas relacionadas con redes sociales, como por ejemplo Facebook. Los dos principales motivos para ello son la pérdida de productividad y los aspectos relacionados con la seguridad, como los que se explican en el capítulo 13. Si su empresa no le permite el uso de Facebook en el trabajo, lo más probable es que pueda pasar directamente al siguiente capítulo, a menos que quiera usar la plataforma para colaborar en proyectos no profesionales.

Las características mencionadas funcionan del mismo modo, independientemente de que las use para hablar con su antiguo compañero de piso o con su jefe. Sin embargo, hay un par de cuestiones que debe tener en cuenta al usar estos recursos en su trabajo:

- **Profesionalidad:** El correo electrónico ha hecho que se reduzcan los formalismos a la hora de comunicarse entre profesionales, mucho más de lo que hizo el "viernes sin corbata". Y ahora que todo el mundo ha terminado acostumbrándose a los emoticones, surge Facebook. Una plataforma tan moderna, novedosa y cercana (así como fácil de usar) que no sólo le anima a que sea informal, sino que prácticamente le obliga a ello. Sin embargo, la cuestión es que nunca se sabe quién puede ver su información en Facebook, incluso aunque sea cuidadoso respecto a su configuración de privacidad. Por ello, en lugar de considerar Facebook el comedor de su empresa, piense en la plataforma como en una reunión en la cual puede dejarse caer el jefe en cualquier momento. Reduzca al mínimo la presencia de información personal, las bromas y las aplicaciones del tipo "sólo por diversión".

- **Privacidad:** Si está usando Facebook para sus negocios, probablemente querrá reducir el número de notificaciones enviadas en relación con sus actividades. De esa forma, su jefe no se verá bombardeado con detalles sobre, por ejemplo, su vida amorosa. En concreto, querrá ajustar la configuración de privacidad de sus toques, mensajes, solicitudes de amistad, canales de noticias y mini-noticias. Incluso puede reducir la actividad de su perfil y crear un perfil limitado, adecuado para todo lo relacionado con su trabajo.

- **Seguridad:** Sea cuidadoso y no mencione ningún aspecto de importancia relacionado con su trabajo, ni cuelgue documentos confidenciales de su empresa bajo ningún concepto. Teniendo en cuenta que no puede estar seguro de que la información que proporciona al sitio termine filtrándose, puede que quiera mantener alejada, incluso a su madre, de información como su número de teléfono profesional o su itinerario de viaje.

Enviar mensajes

Independientemente de que trabaje en un despacho minúsculo en una oficina, o sea autónomo y trabaje desde casa, lo más probable es que ya disponga de un cliente de correo electrónico. Por tanto ¿por qué no usar Facebook para enviar y recibir mensajes? Aquí tiene dos razones:

1. **Es muy fácil:** Si sus compañeros de trabajo y clientes son miembros de Facebook, sólo es necesario un clic para enviarles un mensaje, independientemente de que quiera convocarlos a una relación improvisada, comentar un documento o una página Web que uno de ellos ha publicado o compartir un fragmento de vídeo (para ello puede usar los vínculos **Enviar un mensaje a [Nombre]**, **Enviar el mensaje a todos los miembros** y otros, repartidos a lo largo de toda la plataforma).

 NOTA Si alguno de sus compañeros de trabajo o clientes no son miembros de Facebook, véase el capítulo 3 para saber cómo invitarlos a que se unan.

2. **Le permite organizar su correspondencia:** Si su equipo usa Facebook para colaborar en un proyecto, las características de mensajería de la plataforma le ayudarán a mantener separados todos los mensajes relacionados con ese proyecto del resto de sus mensajes que guardan relación con su trabajo.

Organizar reuniones

Las intranets (redes privadas que sólo permiten el acceso a los trabajadores de una empresa) son excelentes para organizar reuniones. Sin embargo, los **Eventos** de Facebook permiten organizar encuentros que implican a una combinación de compañeros de trabajo, clientes, clientes potenciales, proveedores y antiguos trabajadores.

>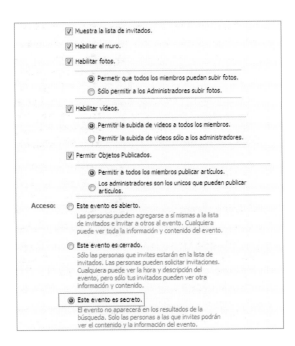
>
> Para saber más sobre los eventos de Facebook, véase el capítulo 7.

El aspecto al que debe prestar atención al organizar un evento es el grado de acceso que quiere conceder a otras personas. Por tanto, una vez haya seleccionado **Eventos** en el menú **Aplicaciones**, haga clic en **Crear un evento** para mostrar la pestaña **Paso 1: Crear un evento** y haga lo siguiente:

- **Restrinja su evento a la red de su empresa:** Elija la red que corresponda en el menú desplegable **Redes** (consejo: probablemente no será la red **Global**).

- **Seleccione el botón de opción** Este evento es secreto: Al hacer esto, mantendrá el evento fuera de las búsquedas y de los canales de noticias de las personas que no asistan.

- **Decida el grado de acceso que quiere conceder a los asistentes:** Si planea que los materiales que se manejen en el evento fluyan en una única dirección (por ejemplo, si su intención es colgar documentos o archivos multimedia para que los asistentes los revisen, y éstos no tienen que colgar ningún documento) deseleccione las casillas **Permitir** (al hacer esto contribuirá a evitar confusiones, así como la posibilidad de que alguien incumpla las condiciones de confidencialidad, en situaciones en las que quiera asegurarse de que, por ejemplo, nadie suba documentos confidenciales de la empresa). Si no quiere que nadie sepa quién está asistiendo a la reunión (digamos que es una reunión de ventas y no quiere que los asistentes se reúnan sin usted antes de que usted haya dado el discurso oficial), deseleccione la casilla de verificación **Muestra la lista de invitados.**

Intercambiar ideas

Los **Grupos** de Facebook son excelentes para:

- **Crear grupos de usuarios y otros intercambios de información orientados al cliente:** Puede combinar el logotipo de su empresa con las características de colaboración de Facebook (como los foros de discusión moderados, la posibilidad de intercambiar archivos y poder enviar archivos a todos los miembros de un grupo con tan sólo un clic) para desarrollar o mantener el interés en su empresa y sus productos. Y todo ello, gratis.

- **Charlas de equipo:** Si su empresa no cuenta con una Intranet, y en su lugar está usando el correo electrónico para las charlas de equipo, los grupos de Facebook le van a encantar. El uso de los grupos es mucho más sencillo que tener que gestionar

respuestas de un kilómetro de longitud y listas CC (asimismo, los **Grupos** proporcionan a sus usuarios un lugar común al que acudir para recibir actualizaciones e intercambiar archivos). Sólo tiene que asegurarse de que restringe el grupo a la red de su empresa, y de que configura el acceso a éste como secreto. Esto hará que la información sobre el grupo permanezca fuera del alcance de cualquier persona que no es un miembro confirmado del equipo.

En el capítulo 6 tiene toda la información sobre la configuración y el uso de los grupos.

Creación y suscripción a notas

Las **Notas** de Facebook son, básicamente, entradas de un *blog* a las que la gente puede suscribirse. Podría usar el correo electrónico para enviar a su equipo documentos multimedia como información sobre proyectos, solicitudes al servicio técnico activas, o resúmenes de reuniones. Sin embargo, si usa las notas de Facebook ofrecerá a los miembros de su equipo lo mejor de ambos mundos: canales de noticias a través de los cuales recibirá una alerta cada vez que alguien cuelgue un documento nuevo, y un archivo sencillo y al que es fácil acceder, conteniendo todo lo que haya publicado.

Para usar las notas:

▶ Asegúrese de que todos los miembros de su equipo forman parte de su **Lista de amigos**.

▶ Ajuste la configuración de sus notas. En la página **Modifica la privacidad de las notas** restrinja el acceso a **Sólo amigos**, y a continuación vaya a la sección de **Sindicación** y asegúrese de que el botón **Cualquier persona que pueda ver mis notas, puede suscribirse a ellas** está seleccionado. De no ser así, actívelo.

▶ Haga que los miembros de su equipo se suscriban a sus notas. Haga que cada uno de ellos vaya a sus notas y se dirija a la sección **Suscríbete a estas notas** (que aparece en la parte inferior derecha de la página). A continuación tiene que hacer clic en el vínculo **Notas de Nombre**. Por último, en la página que aparece, cada persona tiene que hacer clic en el vínculo **Suscribirse a este canal**.

Intercambiar archivos

Independientemente de que esté hablando sobre reuniones de negocios, reuniones de ventas o lanzamiento de productos, todas las interacciones empresariales generan documentos. Folletos, diagramas, listas de asistentes, artículos que se subastan, informes, recomendaciones, gráficos... la lista es interminable. Afortunadamente, uno de los aspectos en los que Facebook destaca es en el intercambio de documentos de forma indolora y privada.

La aplicación **Fotos** de Facebook le permite subir y compartir archivos de imagen con sus compañeros de trabajo. Y la aplicación **Artículos publicados** le permitirá compartir cualquier otra cosa, desde fragmentos de sonido o vídeo hasta archivos y documentos almacenados en la Red. Siga leyendo para saber cómo hacerlo, o vaya al capítulo 12 para saber más sobre las aplicaciones.

NOTA

Por supuesto, la privacidad es algo relativo. Ningún sitio podrá guardar sus datos tan cuidadosamente como usted lo haría. Véase el capítulo 13 para saber todo lo que necesita sobre la privacidad en Facebook. Y recuerde siempre lo siguiente: no use Facebook para enviar información confidencial.

Compartir imágenes

Puede usar la aplicación **Fotos** de Facebook para subir y compartir archivos de imagen. El formato de los archivos que use debe ser uno de estos tres (que son los formatos más habituales en Internet): .jpg, .png (con algunas limitaciones) y .gif (aunque no *gifs* animados).

En Facebook, los archivos de imagen se organizan agrupándolos en álbumes. Puede limitar el acceso a cada álbum, de forma que sólo determinados miembros del equipo puedan verlas. Incluso puede asignar etiquetas de forma individual a cada imagen (etiquetar es una forma de asociar a uno o más miembros del equipo con la imagen, lo que puede ser de utilidad para establecer

y fijar responsabilidades. Por ejemplo, puede etiquetar una imagen de una lista de características, de forma que cada elemento de la lista esté asociado con la persona encargada de desarrollarla).

TRUCO

Si no está seguro de cuál es el formato de un archivo de imagen, haga lo siguiente. Ubique el archivo en su ordenador, y haga clic con el botón derecho sobre él (en Mac, **Control-clic**). A continuación, seleccione **Propiedades** en el menú contextual que aparece (**Obtener información** en Mac). En el cuadro de diálogo de información que podrá ver aparecerá el formato del archivo.

Crear e incluir elementos en un álbum de imágenes

Antes de poder subir y compartir un grupo de imágenes, tendrá que crear un álbum. A continuación se detalla cómo hacer ambas cosas:

1.   En el menú **Aplicaciones**, seleccione **Fotos**.

2. En la página que aparece haga clic en **Crear un álbum de fotos**.

3. Incluya una descripción de su álbum de fotos y haga clic en **Crear álbum**. Escriba lo que escriba en los campos **Nombre**, **Ubicación** y **Descripción**, será visible para cualquier persona que pueda ver el álbum. Si quiere restringir el acceso sólo a los miembros de su equipo, en el campo **¿Quién puede ver esto?** seleccione **Sólo amigos**.

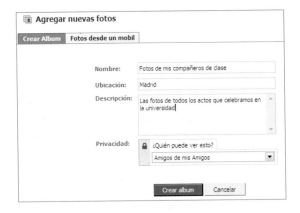

NOTA
Los álbumes no son la única forma de compartir imágenes. Además de la imagen de su perfil, Facebook le permite añadir imágenes a los **Grupos**, a los **Eventos** y a las **Notas**. Sin embargo, usar los álbumes de la aplicación **Fotos** es la mejor forma de mantener en un único lugar las imágenes, dibujos, borradores o capturas de pantalla asociadas a un equipo.

NOTA
Fotos es una aplicación, y por tanto puede eliminarla. Si lo ha hecho por accidente, siempre puede reinstalarla. Véase el capítulo 13 para saber cómo.

4. Decida si tiene que subir muchas imágenes a la vez. En la página **Agregar fotos** que aparece, Facebook le ofrece dos opciones:

    ▶ Puede permitir que Facebook instale un pequeño módulo de software llamado **Componente ActiveX** (también denominado **control ActiveX**) en su ordenador, con el cual podrá subir varios archivos .jpg o .gif a la vez (pero no archivos .png). Recuerde que todos los componentes ActiveX implican un pequeño riesgo de seguridad. En realidad, un componente ActiveX es una especie de complemento usado por los programas de Microsoft, como por ejemplo Internet Explorer.

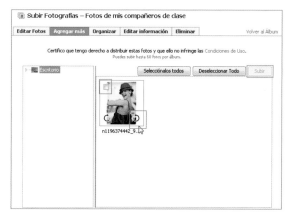

El componente ActiveX es de bastante utilidad. Por tanto, a menos que le preocupen los aspectos relacionados con la seguridad, o simplemente sólo vaya a subir dos o tres imágenes a Facebook, instálelo. Le permitirá previsualizar cada imagen, hacer clic en casillas de verificación para seleccionarlas, e incluso rotar cada imagen antes de subirla.

🢒 Puede subir las fotografías de una en una, lo que evitará que tenga que descargar un mini programa potencialmente peligroso para su ordenador. De esta forma, también podrá subir archivos .png.

Si es usuario de Mac, la herramienta que obtendrá para poder subir fotos no será un complemento ActiveX, sino una pequeña utilidad Java. Las diferencias entre ambos elementos sólo conciernen a un programador. La buena noticia para usted es que Java ofrece las mismas funcionalidades que ActiveX, aunque los riesgos de seguridad del primero son mucho menores.

Para instalar el componente ActiveX haga clic en el botón **Descargar** que aparecerá en la ventana emergente o, si ha bloqueado las ventanas emergentes en su navegador, haga clic en el vínculo **Haga clic aquí para instalar el control ActiveX** que aparecerá en la parte superior de la ventana de su navegador. Para instalar la otra opción para subir imágenes, mucho más lenta, sólo tiene que hacer clic en **Prueba el cargador simple**.

5. Indique a Facebook las imágenes que desea subir. La página **Agregar fotos** que aparezca dependerá de la característica para subir fotos que haya elegido en el paso número 4. Si instaló el componente ActiveX, puede hacer clic para navegar en su ordenador y buscar varias imágenes, seleccionarlas y subirlas a la vez. Si eligió el cargador simple, en la página podrá navegar en su ordenador y seleccionar un archivo a la vez. Tras haberlas seleccionado, sólo tiene que hacer clic en **Cargar**.

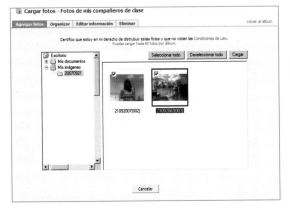

último haciendo clic en el vínculo **Editar fotos**) puede hacer lo siguiente:

> **NOTA**
>
> El componente ActiveX para subir fotos requiere que seleccione la casilla de verificación **Certifico que tengo derecho a distribuir estas fotos y que ello no infringe las Condiciones de Uso** antes de poder subir imágenes. Pero incluso si usa el cargador simple, donde no tiene que seleccionar ninguna casilla de verificación, al subir las imágenes está garantizando que las imágenes que sube le pertenecen, y que por tanto, puede compartirlas.

> **NOTA**
>
> El tamaño de las imágenes que suba no puede ser superior a cinco megabytes. Consulte el truco de la sección **Compartir imágenes** de este capítulo para saber más sobre el formato que deben tener las imágenes. En el cuadro de diálogo de información que aparece, podrá comprobar también el tamaño del archivo.

> **NOTA**
>
> Facebook le permite subir hasta 60 imágenes a un mismo álbum, lo cual creemos que es más que suficiente. Pero si necesita compartir más imágenes, no hay ningún problema. Sólo tiene que crear otro álbum. Facebook no limita el número de álbumes que usted puede crear. Ésta es la razón por la cual, según algunas fuentes, Facebook almacena más fotografías que cualquier otro portal de imágenes.

Editar un álbum

Tras crear un álbum puede modificar prácticamente cualquier elemento de éste. En la página **Editar fotos** (a la que puede acceder dirigiéndose a la sección **Fotos** de su perfil, haciendo clic en el nombre de su álbum, y por

- **Añadir más imágenes:** Haga clic en **Agregar más** y a continuación, en la página que aparece, lleve a cabo los mismos pasos que siguió para subir las primeras imágenes del álbum.

También puede editar su álbum siguiendo los pasos que aparecen a continuación. Vaya al menú **Aplicaciones** y seleccione **Fotos**. En la página que aparece, haga clic en el vínculo **Mis fotos**. A continuación, en la lista de álbumes que aparece, vaya al álbum que quiere modificar y haga clic en **Editar álbum** que aparece bajo el nombre de éste.

Eliminar imágenes: Diríjase a la imagen que quiere eliminar, y seleccione la casilla de verificación **Eliminar esta foto** que aparece debajo (para eliminar varias imágenes, seleccione las casillas de todas las imágenes que quiera eliminar). A continuación, vaya al final de la página, y haga clic en **Guardar cambios**.

Para eliminar un álbum por completo, haga clic en **Borrar álbum**.

Reorganizar sus imágenes: Haga clic en **Organizar fotos**. En la página que aparece, puede seleccionar y arrastrar las imágenes en el orden en que desea que aparezcan, o hacer clic en **Invertir orden** (lo que hace que las imágenes A, B y C aparezcan en el orden C, B y A). Una vez haya terminado, haga clic en **Guardar cambios**.

Añadir un comentario: Elija una imagen y escriba su comentario en el campo del mismo nombre. No olvide hacer clic en **Guardar cambios** cuando haya terminado.

El texto de su comentario aparecerá cuando la gente coloque el cursor sobre una imagen de su álbum.

Foto de mi compañera de master

Elija una imagen como "portada" del álbum: Facebook asume por defecto que la primera imagen que suba a un álbum será la portada de éste. Sin embargo, usted puede configurarlo de otra forma. Para seleccionar su propia portada, diríjase a la imagen que quiere usar como miniatura en la página de su perfil (así como en cualquier otro lugar en el cual Facebook muestre su álbum, como en sus mini-noticias al actualizar ese álbum, o en un mensaje de correo electrónico al que haya adjuntado ese álbum). Haga clic en la casilla de verificación **Hacer esta la portada del álbum** que aparece junto a la imagen, y haga clic en **Guardar cambios**.

- **Cambiar el nombre o la descripción de su álbum:** Haga clic en la pestaña Editar información, realice las modificaciones que desee y haga clic en **Guardar cambios**.

> **NOTA** Al hacer clic en la pestaña Editar información podrá ver un vínculo que podrá usar para compartir su álbum con aquellas personas que aún no sean miembros de Facebook. Sólo tiene que copiar y pegar ese vínculo en un correo electrónico.

Ver un álbum

Tras crear un álbum, Facebook muestra una miniatura de la portada del álbum en la sección Fotos de su perfil. Cuando alguien haga clic en el nombre del álbum, Facebook mostrará la información de éste, así como una serie de vínculos a cada una de las imágenes que contenga.

> **NOTA** Cualquier persona que pueda ver su perfil podrá ver sus imágenes, aunque no todas las personas que puedan ver sus imágenes podrán ver su perfil. Esto se debe a que Facebook le permite configurar el acceso a su perfil y a sus álbumes por separado.

Restringir el acceso a un álbum

Facebook le proporciona dos formas de controlar quién puede ver sus álbumes:

- **Especificar quién puede ver un álbum:** Usted hizo esto al crear el álbum, aunque puede modificar esta configuración en cualquier momento. En la página Editar álbum haga clic en la pestaña Editar información, y a continuación seleccione una de las siguientes opciones en el menú desplegable ¿Quién puede ver esto?:
  - **Todos.**
  - **Personas de mis redes y amigos.**
  - **Amigos de mis amigos.**
  - **Sólo amigos.**
- **Si ha creado un perfil limitado para alguno de los miembros de su equipo puede ocultar uno o más álbumes a estas personas:** Por ejemplo, digamos que ha establecido un perfil limitado a los miem-

bros del equipo que son trabajadores externos, y no miembros de la plantilla. Puede colocar en un álbum todas las imágenes de los trabajadores, y ocultar ese álbum a las personas que sólo tengan acceso a su perfil limitado.

Para hacer esto, vaya a la parte superior derecha de cualquier ventana de Facebook y haga clic en **Privacidad**. A continuación, vaya a la sección **Perfil** y haga clic en **Edita la configuración de privacidad de los álbumes de foto**. Seleccione ahora quién puede ver cada álbum y por último haga clic en **Guardar configuración**.

Etiquetar imágenes

Las **Etiquetas** son una forma de incluir sus imágenes en categorías virtuales. Puede usar las etiquetas para identificar a cada uno de los individuos que aparece en una fotografía grupal. También es una forma útil de indicar en una foto quién es el encargado de crear o trabajar en algo. Por ejemplo, puede crear etiquetas para cada una de las secciones de un gráfico con los nombres de los diferentes trabajadores. De esa forma, todo el mundo sabrá quién es responsable de cada parte del proyecto, de forma fácil y rápida. Cada vez que alguien acceda a su álbum de fotos podrá ver una lista de todas las personas que han sido etiquetadas en ese álbum. Al hacer clic en el vínculo **Fotos** que aparece junto a cada nombre, podrá ver todas las imágenes, en todos los álbumes, que han sido asociadas con esa persona.

Esta soy yo en el último congreso que se celebró en el campus.

Agregado hace 30 minutos

De tu álbum:
"Fotos de mis compañeros de clase"

A continuación, cuando esa persona arrastre el cursor sobre la sección etiquetada de la imagen, aparecerá el nombre de la persona a la que hace referencia ésta.

Elena Martínez

Para etiquetar una imagen:

1. En la página **Editar álbum**, arrastre el cursor sobre la imagen que quiera etiquetar. El cursor se convertirá en un aspa.

2. Cuando se encuentre sobre la persona para la cual quiere crear la etiqueta, haga clic. Aparecerá un cuadrado blanco sobre la imagen, así como un cuadro de diálogo que podrá usar para asociar esa parte de la imagen con usted mismo o con cualquier otra persona de su **Lista de amigos**.

NOTA

Además de desde la página **Editar álbum**, puede crear una etiqueta en la página individual de la imagen en concreto. Para ello, vaya al menú **Aplicaciones**, seleccione **Fotos** y haga clic en el vínculo **Mis fotos**. Diríjase a la foto que quiera etiquetar, y haga clic sobre ella. Vaya a la parte inferior de la página y haga clic en el vínculo **Etiquetar**. A continuación, siga el paso 2 mencionado anteriormente.

Publicar elementos en su perfil

Si puede encontrar un vínculo a cualquier cosa en la Red, puede añadirlo a su perfil de Facebook. Por ejemplo, documentos corporativos de la página Web de su empresa, fragmentos de vídeo de su departamento de *marketing*, o material que haya recopilado tras haber investigado en la Red, y que quiere que vea el resto de los miembros de su equipo. Los elementos que publique aparecen en las secciones **Noticias** y **Elementos publicados**.

A menos que haya bloqueado el acceso a éstos, los miembros de su equipo podrán añadir comentarios tras echar un vistazo a cada artículo. Asimismo podrán compartir los artículos subidos con cualquier otra persona (incluso con aquellas que no son miembros) de forma rápida y fácil, haciendo clic en el vínculo **Compartir** que aparece junto a cada artículo.

Lo mejor de todo es que los vínculos a materiales multimedia aparecen de forma completa, con controles que la gente puede usar para escuchar música, ver un fragmento de vídeo, o comprobar el resto de contenidos que haya publicado. Todo ello sin abandonar la página de **Artículos subidos**.

Para subir un artículo:

1. En el menú **Aplicaciones** seleccione **Elementos publicados**. Puede que tenga que hacer clic en el vínculo **Más** para poder verlo.

2. Indique a Facebook la ubicación del elemento que quiere publicar. En la página que aparece, vaya al campo **Publicar un vínculo** y escriba, o copie y pegue, el URL (dirección Web) del elemento

que quiere publicar. A continuación, haga clic en **Publicar**.

3. En la página **Publicarlo en el perfil** que aparece, haga clic en el campo **Comentar** y escriba la razón por la que quiere que su equipo vea este elemento. Desde el URL especificado, Facebook obtiene de forma automática el título del elemento, una descripción de éste, así como cualquier imagen que pueda contener la página Web. El título y la descripción suelen ser de bastante utilidad, pero si no quiere uno o ninguno de los dos, sólo tiene que hacer clic sobre cualquiera de los dos y comenzar a escribir.

4. Haga clic en **Publicar**. El elemento aparecerá en la sección **Artículos publicados** de su perfil. Además, en función de su configuración de privacidad, aparecerá una notificación en sus mini-noticias y en los canales de noticias de sus amigos.

> **NOTA**
>
> Para eliminar un artículo publicado, vaya a la página Artículos publicados (en el menú Aplicaciones, seleccione Artículos publicados y haga clic en Mis artículos publicados) y haga clic en la X que aparece junto al vínculo Compartir.

Mantenerse al día usando notificaciones

Una de las mejores razones para usar Facebook en su trabajo son las notificaciones. Cuando uno de los miembros de su equipo actualice un informe, recibirá una notificación. Cuando otro haga un comentario en un foro, recibirá una notificación. Y así una y otra vez. Las notificaciones facilitan su vida ya que automatizan uno de los aspectos más difíciles de la gestión de un proyecto: mantener informados a los miembros de un equipo sobre las acciones del resto de miembros y de los objetivos conseguidos. Y la configuración de estos mensajes automatizados puede llevarse hasta niveles increíbles. A continuación le indicamos cómo asegurarse de que recibe notificaciones sobre las cuestiones de mayor importancia:

> **NOTA**
>
> El control del proceso de notificaciones en Facebook no es completo. A veces recibirá notificaciones sobre cuestiones en las que no estará interesado.

1. **Decida qué actividades llevadas a cabo por los miembros del equipo quiere compartir con el grupo (por ejemplo,** Comenzar un tópico/tema o Invitar a un amigo)**:** Para modificar la configuración, vaya a la parte superior de cualquier ventana de Facebook y haga clic en Configuración. A continuación, haga clic en Notificaciones para mostrar la página de privacidad sobre estos elementos. Ajuste su configuración (para controlar las actividades sobre las cuales los miembros de su equipo reciben notificaciones) y, a continuación, para asegurarse de que el proceso de notificación es coherente entre los diferentes miembros del equipo, indique a éstos como ajustar la configuración de privacidad de cada uno de ellos.

2. **Indique a Facebook el tipo de actividades en las que está interesado, y cuáles son los miembros de Facebook sobre los que quiere estar más informado:** Facebook tiene la última palabra sobre las notificaciones que aparecen en la sección Noticias de su página de inicio, aunque puede ejercer su influencia sobre esta selección. Para ello, desde su página de inicio (haga clic en la palabra Facebook que aparece en la parte superior izquierda) haga clic en el vínculo Preferencias que aparece a la derecha del encabezado Noticias. Véase el capítulo 5 para saber más sobre cómo configurar esta sección.

3. **Indique a Facebook sobre qué actividades, en las cuales toma parte, quiere recibir notificaciones:** Facebook puede seguir la pista a prácticamente todo lo que usted hace en la página. Por ejemplo, puede indicar a Facebook que le indique un correo electrónico cuando un miembro del equipo responda a uno de sus hilos en un foro de discusión, o escriba un comentario sobre una foto que usted haya publicado. En la parte superior de cualquier ventana de Facebook haga clic en **Configuración** y a continuación en la pestaña **Notificaciones** (véase el capítulo 5 para saber más sobre cómo configurar esta sección).

NOTA

Las notificaciones son una forma excelente de estar al día sobre sus proyectos si viaja mucho y dispone de acceso a su correo electrónico, pero no puede acceder a Facebook (otra opción es usar Facebook Mobile).

CAPÍTULO

11

PUBLICIDAD EN FACEBOOK

En sus primeras etapas, la "publicidad" de Facebook se limitaba a los anuncios de los estudiantes que intentaban vender sus antiguos libros de texto o a los de las personas que buscaban compañero de piso. Sin embargo las cosas han cambiado, pues a día de hoy, Facebook está abierto al público en general y cuenta con millones de miembros. La capacidad de esta página de buscar entre millones de datos personales con un elevado nivel de exactitud (por ejemplo, "Muéstrame todos los estudiantes universitarios que viven en la periferia de Madrid, tienen teléfonos móviles y disfrutan viendo las repeticiones de *Verano azul*") y de conectar directamente con los grupos de amigos de un miembro es el sueño hecho realidad de todo anunciante.

En la actualidad, las grandes compañías están invirtiendo cantidades muy elevadas para publicar anuncios en Facebook. A medida que la página ha crecido, las estrategias de *marketing* también han cambiado: desde los *banners* dirigidos hasta llegar a los anuncios sociales, que se basan en la información personal y en las listas de amigos de los miembros de Facebook para anunciar productos. En este capítulo se detallan las opciones con las que cuenta para publicitarse en Facebook, que abarcan desde los anuncios gratis o de precios asequibles hasta tarifas de publicidad que ni siquiera podría imaginar.

Páginas de Facebook: perfiles para grupos de música, marcas y mucho más

Las desacertadamente llamadas **Páginas** (¿acaso el equipo de diseño de Facebook no pudo elegir un nombre más genérico que éste?) no son sino perfiles de Facebook, aunque no de personas, sino de grupos de música, empresas y similares. Esta característica es relativamente nueva (comenzaron a usarse en el otoño de 2007). Las **Páginas** combinan la información detallada de un perfil con una serie de características multimedia y una estructura de *marketing* excelente. Y lo mejor de todo es que son gratis.

Las **Páginas** están orientadas a profesionales autónomos, propietarios de empresas, músicos, políticos, organizaciones no gubernamentales y cualquier otra organización de tamaño pequeño o medio. Se caracterizan por:

- **Estar diseñadas para ajustarse a sus necesidades:** Por ejemplo, digamos que quiera crear una página para el grupo en el que toca. Su página va a contar de forma automática con un foro de discusión, un muro y un álbum. Pero aguarde, porque hay más. También va a incluir secciones para colgar fragmentos de vídeo y para colgar eventos próximos, así como un reproductor integrado para que los visitantes puedan escuchar su música.

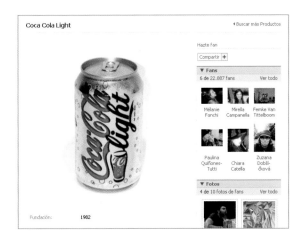

- **No cuentan con el límite de 1.000 miembros que tienen los Grupos:** Las páginas pueden tener un número ilimitado de fans.

- **Proporciona a su organización respetabilidad y notoriedad:** No tiene que preocuparse por las limitaciones relativas a la publicidad que existen en relación a los grupos, porque éstas no existen en las páginas, ya que fueron diseñadas con el fin de publicitar eventos. Asimismo, los usuarios pueden efectuar búsquedas específicas de páginas haciendo clic en la pestaña del mismo nombre al obtener sus resultados de búsqueda. De esta forma, será más probable encontrar su página. Mucho más que, por ejemplo, su perfil personal.

- **No costar nada:** Si quiere crear anuncios sociales dirigidos a los fans de su página, tendrá que sacar su tarjeta de crédito. Pero si sólo quiere usar una página, es completamente gratis.

Cómo funcionan las páginas

En la vida real, la estrategia de *marketing* más efectiva es el boca a boca. En la Red sucede lo mismo. Cuando un miembro de Facebook accede a una **Página** (bien buscándola, navegando o tras haber hecho clic en un vínculo que encontró en un perfil de Facebook) y le gusta lo que ve, puede suscribirse como fan de ésta. Tras hacer esto, suceden un montón de cosas interesantes:

- **Facebook muestra esa página en su perfil:** Cualquier persona que visite la página de esta persona podrá ver que es un fan de la Coca Cola (o de un grupo de música, de una marca comercial o de una organización no gubernamental en la que está interesado).

- **Se envían noticias sobre el estatus de esta persona a sus mini-noticias y a los canales de noticias de sus amigos**.

Páginas Ver todo (1)

Coca Cola Light
Alimentos y bebidas

▶ **La persona o empresa que haya creado la página podrá ver quién accede a ella y con qué frecuencia. El creador de la página también tiene la opción de enviar noticias a sus fans, llamadas actualizaciones:** Pagando una tarifa, el creador de la página también podrá enviar anuncios sociales a ese fan, así como a todas las personas de la lista de amigos de éste.

Crear una página

A continuación se indican los pasos que debe seguir para crear una Página de Facebook para su empresa, grupo de música u organización no profesional.

1. Vaya a la parte inferior de cualquier ventana de Facebook y haga clic en Publicidad. A continuación, en la sección derecha de la página que aparece, haga clic en Crear una página Facebook.

2. En el formulario Crear nueva página de Facebook seleccione una categoría y un nombre para su página. En el menú desplegable Local aparecen opciones como Restaurante, Centro religioso o Parque. Es decir, Local es el campo en el que se

indica el tipo de negocio que gestiona. Seleccione la opción **Marca o producto** si está vendiendo productos como fármacos o comida, o si forma parte de una empresa de ámbito nacional como una agencia de viajes o un grupo de comunicación. Si selecciona la opción **Artista, Banda o Figura pública** podrá incluir profesiones liberales como escritor, político o atleta. Una vez haya seleccionado la categoría adecuada, y haya introducido un nombre de página, haga clic en **Crear página**.

Crear nueva página de Facebook

Categoría:

◉ **Local:**

Otro negocio ▾

○ Marca o Producto

○ Artista, Banda, o Figura Pública

Nombre de Otro negocio:

crear página

Aviso: Las Páginas de Facebook pueden ser sólo usadas para representar entidades reales. Las Páginas falsas, serán denunciadas y desactivadas. Si creas una Página falsa o violas nuestras Condiciones de alguna forma, tu cuenta de Facebook podría ser desactivada.

3. Incluya materiales en su página. Lo primero que querrá hacer es hacer clic en **Cargar una foto** para sustituir el enorme signo de interrogación que apa-

rece por una imagen de su grupo, el producto que vende o lo que sea. A continuación haga clic en **Agrega información a esta página** para crear un perfil similar al perfil personal que creó cuando se registró en Facebook. Cuando haya terminado, haga clic en **Editar página** para ver una lista de todas las aplicaciones que tiene a su disposición para subir materiales (como por ejemplo información sobre su disco, fechas de conciertos y videoclips si forma parte de un grupo de música) así como la configuración de ésta (para establecer, por ejemplo, que todos sus fans sean mayores de edad).

4. Publique su página. Una vez haya incluido en su página toda la información, imágenes, fragmentos de audio y vídeo y similares, haga clic en **Ver página**. Si le gusta el aspecto que tiene, haga clic en **Publicar esta página** (de no ser así haga clic en **Volver a páginas** para llevar a cabo los cambios que desee). Listo: su página ya aparece en la Red.

NOTA

Ahora que dispone de una página, puede que quiera invertir algo de dinero para promocionarla. Facebook hace que gastar dinero sea muy fácil. Vaya al menú **Aplicaciones**, seleccione **Administrador de páginas** (se trata de una aplicación que Facebook instala de forma automática al crear una página), y a continuación haga clic en **Crear un anuncio**. Consulte las páginas siguientes para saber cómo añadir **Acciones sociales** a su página.

Cómo ser un Fan

Al igual que al llevar ropa de marca o bufandas con el nombre de su equipo de fútbol favorito, al convertirse en fan de una página va a indicar a las personas que forman parte de su círculo social cuáles son sus aficiones y qué cosas son importantes para usted.

> **NOTA**
>
> Tras haber creado su página, la gente podrá hacerse fan de ésta siguiendo los pasos que se indican a continuación.

Para ser fan de una página sólo tiene que seguir los siguientes pasos:

1. Encuentre la **Página** en la que esté interesado (escriba el nombre de ésta en el cuadro de búsqueda, y a continuación seleccione la pestaña **Páginas** en la página de resultados) y haga clic en el vínculo **Hazte fan**. Este vínculo aparece tanto en la página como en el listado de resultados de búsqueda.

2. En el cuadro de diálogo de confirmación que aparece confirme su estatus de fan. Deseleccione la casilla **Permitir que esta [nombre de página] envíe actualizaciones a mi bandeja de entrada de Facebook** si no quiere recibir noticias de la página, y a continuación haga clic en **Añadir**. Facebook mostrará la página en la sección **Mis páginas** de su perfil. Asimismo, recibirá noticias de estas páginas en sus noticias. También sus amigos, a través de sus canales de noticias.

> **NOTA**
>
> Ésta no es la única opción para activar o desactivar las actualizaciones recibidas desde una página. Si se ha convertido en fan de una página, pero más tarde decide que no quiere recibir más actualizaciones de ésta, vaya a la parte superior de cualquier ventana de Facebook, y haga clic en la flecha que apunta hacia abajo que aparece junto a **Mensajes**, y seleccione **Actualizaciones**. En la página que aparece, haga clic en **Editar configuración de actualizaciones**. A continuación, sólo tiene que deseleccionar las casillas de verificación que aparezcan junto a aquellas páginas de las que no quiera recibir noticias. Por último, haga clic en **Guardar cambios**.

NOTA

No puede ni evitar que aparezca la sección Mis páginas en su perfil ni que Facebook muestre una página en esa sección. Lo que sí puede hacer es dejar de ser fan de una página. Para ello, sólo tiene que dirigirse a la página de la que quiere desvincularse y a continuación hacer clic en Quitarme de fans.

Anuncios sociales (dirigidos)

Un anuncio social es un tipo de publicidad que puede dirigir a determinados grupos de miembros de Facebook, como por ejemplo hombres de 20 años, mujeres con formación universitaria o personas casadas que trabajan en El Corte Inglés y a las que les gusta la música de U2.

Cada anuncio social consta de una imagen y un pequeño texto, y aparece o bien en la sección de publicidad de Facebook o en los canales de noticias (o bien en ambos, dependiendo de la cantidad de dinero que pague por ellos).

NOTA

Las acciones sociales le permiten seguir el rastro de las personas que interactúan con su Página o aplicación de Facebook (así como con la página Web de su empresa), y mostrar su anuncio a todos sus amigos. El resultado es que ese anuncio es un poco más personal y relevante (y más efectivo) que el anuncio medio.

Siga los pasos que aparecen a continuación para publicar sus propios anuncios sociales:

1. **Cree su anuncio e indique a Facebook dónde debe ubicarlo y a qué miembros va dirigido:** Se puede llegar a ser muy específico a la hora de delimitar el público que va a ver sus anuncios. Por ejemplo, puede hacer que Facebook muestre su anuncio únicamente a los solteros de entre 31 y 36 años de edad, que sean conservadores y hayan obtenido una licenciatura en biología.

2. **Pague su anuncio:** La cantidad que pagará dependerá del tiempo que quiere que aparezca su anuncio, así como del número de personas que quiere que lo vean.

3. **De forma opcional, puede vincular su anuncio social con sus acciones sociales**. **Éstas son todas aquellas cosas que usted lleva a cabo en su página de Facebook o en la página Web de su empresa:** Si ya ha creado una página de Facebook, o cuenta con una página Web, puede combinar su anuncio con "noticias" como que el amigo de alguien se ha convertido en fan de su página, que ha comprado un producto o que ha interactuado de alguna forma con su página o Web.

4. **Facebook muestra su anuncio:** En función de factores como el dinero invertido y del número de anuncios que Facebook tenga en espera, su anuncio aparecerá, o bien en los canales de noticias o bien en el espacio que Facebook destina a publicidad.

5. **Recibirá información que le permitirá mejorar la efectividad de sus anuncios:** El programa Insights de Facebook le permite generar gráficos en los que podrá evaluar el tipo de respuesta que están recibiendo sus anuncios. Si sabe cómo analizarlos (es bastante sencillo hacerlo), podrá comprobar si su anuncio está funcionando adecuadamente, o si por lo contrario tiene que configurarlo de nuevo. El uso de Insights es gratis al pagar por la publicación de un anuncio social.

> También puede usar Insights si crea una página de Facebook.

Crear y publicar un anuncio social

Si dispone de una imagen y de un par de líneas de texto, crear un anuncio social es casi tan fácil como crear un listado de Mercado. Prepárese para gastar entre 5 y 50 euros por día, dependiendo del número de personas al que quiere que llegue su anuncio, así como de la duración de éste.

> Antes de considerar la posibilidad de crear un anuncio social, eche un vistazo a las Directrices sobre Publicidad de Facebook (www. facebook.com/ad_guidelines.php) en las cuales se establecen las normas sobre el tipo de contenido que puede aparecer en su anuncio, el tipo de página Web hacia la cual puede redirigir tráfico, etc. (tendrá la posibilidad de examinar estas directrices cuando vaya a publicar su anuncio).

Siga los pasos que aparecen a continuación para publicar un anuncio social:

1. Vaya a la parte derecha de cualquier ventana de Facebook y haga clic en Anuncio. A continuación, en la página que aparece, haga clic en el botón **Empezar**.

2. Indique a Facebook si desea dirigir tráfico hacia una página Web o hacia una **Página** de Facebook. En la pestaña **Empezar** haga clic en el campo de texto para escribir el URL de la página Web de su empresa, o seleccione la opción **Ayúdame a crear una Página** y cree la página de Facebook que quiere que la gente vea al hacer clic en el anuncio. Una vez haya acabado, haga clic en **Continuar**.

3. Escriba su texto y suba su imagen (si dispone de una). En la pestaña **Crea tu anuncio** escriba el título de su anuncio (25 caracteres o menos) y el cuerpo de éste (hasta 135 caracteres). En el campo **Foto** seleccione **Subir una foto**, y a continuación haga clic en **Examinar** para buscar en su ordenador la imagen que quiere incluir en su anuncio. Una vez haya terminado, haga clic en **Continuar**.

Magia y Mentalismo

Cesar Vinuesa, en Seven Dreams (pl Mayor del pueblo espanyol) Barcelona. Jueves 13 de noviembre a las 21.30 reservas 902108621

4. Indique a Facebook a qué personas quiere dirigir su anuncio. Al seleccionar varias opciones en la pestaña **Elige audiencia**, Facebook actualizará el número en la parte superior derecha de la ventana para darle una idea aproximada del número de personas que componen la población objetivo de su anuncio (si por ejemplo selecciona la casilla **Hombre**, el número de personas se reduce a aproximadamente la mitad, ya que aproximadamente la mitad de los miembros de Facebook son mujeres). Una vez haya terminado, haga clic en **Continuar**.

Si hace clic en el botón **Atrás** de su navegador borrará toda la información que haya introducido hasta ese momento, y tendrá que empezar de nuevo a publicar su anuncio, Por tanto, si cambia de opinión en relación a alguna de las opciones que haya establecido en una página anterior, haga clic, bien en la pestaña a la que se quiere dirigir (por ejemplo 2. **Audiencia**) o bien en el botón **Atrás** que aparece en la parte inferior de la pantalla.

Si crea un anuncio social después de haber creado una **Página** o aplicación de Facebook, en la pestaña **Crear anuncio** aparecerá la casilla **Agregar acciones sociales a mi anuncio**, bajo el campo **Foto**. Seleccione la casilla si quiere anunciarse directamente a los amigos de la gente que ha visitado su página o ha usado su aplicación (todos sus amigos verán una versión personalizada de su anuncio que hará referencia a alguien que conoce y a una acción que esa persona llevó a cabo, lo que virtualmente garantiza que el anuncio sea más efectivo que la versión estándar de éste).

3. Llega exactamente al público que deseas	Ayuda: Focalizar un anuncio

Ubicación: España

Sexo: ☐ Hombre ☐ Mujer

Edad: 18 - Cualquiera

Palabras clave:

(intereses, música favorita, títulos laborales, etc.)

Formación: ⦿ Todos ○ Graduado en la universidad ○ En la universidad ○ En el colegio o instituto

Lugares de trabajo:

Relación: ☐ Soltero/a ☐ En una relación ☐ Comprometido/a ☐ Casado/a

Interesado/a en: ☐ Hombres ☐ Mujeres

I want to reach people age 18 and older in España.

Facebook no le permitirá subir imágenes cuyo tamaño sea superior a 4 Kb, ni tampoco gifs animados. Asimismo, si su imagen es mayor de 110x80 píxeles, podrá subirla, pero Facebook la reducirá a este tamaño. Su imagen aparecerá reducida, y la gente no podrá apreciar los detalles de ésta.

5. Decida si quiere pagar por su anuncio en función del número de visitantes que redirija a su Web o Página (**Pago por clics**) o en función del número de personas que vea su anuncio, aunque no hagan clic en él (**Pago por vistas**). Si selecciona pago por vistas, Facebook le permite decidir la ubicación de su anuncio: entre los canales de noticias de sus amigos o el espacio destinado a publicidad de Facebook (la parte inferior izquierda de cualquier ventana). Si selecciona pago por clics, Facebook selecciona el lugar donde aparecerá el anuncio.

En cualquier caso, usted decide cuánto quiere pagar (por clic de ratón si selecciona pago por clics o por cada mil impresiones si seleccione pago por vistas). Cuanto mayor sea la cantidad que incluya en el campo **Puja** mayor será el número de veces que aparecerá el anuncio (en relación a todos los otros anuncios que Facebook tiene que mostrar cada día; es decir, la persona que realice la puja más elevada conseguirá que su anuncio aparezca más veces). Teniendo en cuenta que tanto el tráfico que recibe la página como el número de anuncios contratados varía, también tendrá que incluir la cantidad total de dinero que quiere pagar a Facebook en un período de 24 horas en el campo **Presupuesto**. Tras indicar a Facebook el número de días que quiere que aparezca su anuncio, haga clic en **Continuar** para previsualizar su anuncio.

4. Pon precio a tu anuncio	Ayuda: Poner precio a un anuncio

Precios: **Pago por clics** · Pago por vistas (?)

Presupuesto diario: What is the most you want to spend per day? (min. 1.00 $)

US$ 25.00

Tu anuncio será mostrado en el Espacio del anuncio, Noticias o en ambos. (?)

Max Bid: What is the most you are willing to pay per click? (min. 0.01 $)

US$ 0.29   Puja recomendada: US$0.23 - 0.34

You will never pay more than your max bid, and you may pay less. (?)

Calendario: ¿Cuándo quieres empezar a publicar tu anuncio?

⦿ Activa mi anuncio ininterrumpidamente desde hoy

◯ Activar mi anuncio sólo durante determinadas fechas

[Continuar]

6. Compruebe que su anuncio no tenga errores e introduzca la información de su tarjeta de crédito. Si detecta un error haga clic en **Cambiar anuncio** para corregir el error. Asimismo, también debería echar un vistazo a las condiciones y términos de Facebook. En resumen, al publicar su anuncio declarará que no va a estafar a nadie ni que va a intentar comercializar artículos ilegales o de legalidad discutible, como por ejemplo drogas, pornografía o música protegida por copyright. Por último, vaya al final de la página **Revisar anuncio** y haga clic en **Confirmar el pedido**.

NOTA

Tras publicar su anuncio, lo único que puede modificar es si desea pagar por clic o por mil impresiones. Para ello, vaya al menú **Aplicaciones**, haga clic en **Anuncios y páginas** y a continuación seleccione **Campañas de publicidad**. Para ver las estadísticas sobre el número de impresiones o de clic por día, haga clic en la pestaña **Estadísticas diarias**. Para ver la información en un gráfico fácil de interpretar haga clic en **Insights**.

A continuación tiene un breve resumen sobre las estadísticas que tiene a su disposición:

 ▸ **Puja:** La cantidad con la que ha pujado por este anuncio.

 ▸ **CPC:** Le indica que ha elegido pagar por clic efectuado.

- **Clics:** Le indica el número de personas que ha hecho clic en su anuncio hasta el momento.

- **CTR(%):** Indica la "tasa de clic", es decir, el número de personas que han visto su anuncio y que han hecho clic en él.

- **Avg. CPC y Avg CPM:** Indica el promedio de dinero gastado hasta el momento por clic y por 1.000 impresiones respectivamente.

- **Gastado:** Indica la cantidad gastada total en el anuncio hasta el momento en función de la cantidad pujada, el número de clics o impresiones que ha recibido el anuncio, así como del número de días que el anuncio lleva publicado.

Para ver la información en un gráfico en lugar de en líneas y columnas, haga clic en Insights.

Publicidad para grandes presupuestos

Las encuestas, las páginas y los anuncios sociales de Facebook son la mejor opción para autónomos o pequeñas empresas. Pero las empresas que dispongan de más fondos tienen a su disposición un mayor rango de estrategias de promoción.

Listados patrocinados de Mercado

En el capítulo 8 le indicamos cómo publicar anuncios clasificados gratis sobre productos y servicios en Mercado. Además de estos anuncios gratis, dispone de la posibilidad de pagar para que sus anuncios aparezcan en la parte derecha de la página de inicio de mercado, de forma completa junto con una imagen en miniatura.

Para publicar un anuncio patrocinado, vaya a la parte inferior de cualquier ventana de Facebook y haga clic en Publicidad. A continuación vaya a la parte inferior de la página que aparece y haga clic en Contacte con nuestro equipo de ventas.

PERSONALIZAR FACEBOOK
E INSTALAR APLICACIONES

Facebook es una página con una apariencia muy cuidada, por lo que pretende que esto siga siendo así. A diferencia de MySpace (donde es posible configurar prácticamente todo en su página personal), en Facebook no es posible modificar gran parte de sus elementos. Sólo es posible modificar la distribución de los elementos en la página de inicio y en el perfil, y sólo de forma limitada. Sin embargo, sí se pueden hacer cosas que son mucho más interesantes que, por ejemplo, modificar el color de fondo de su perfil. Facebook le permite añadir Aplicaciones, que no son otra cosa que pequeños programas que se ejecutan dentro de la plataforma.

Sólo precedido por la posibilidad de saber en todo momento qué hacen sus amigos (y los amigos de sus amigos) las aplicaciones son una de las causas de la creciente popularidad de Facebook. ¿El motivo? Que son divertidas. Y en muchos casos, también son muy útiles. Las aplicaciones le permiten llevar a cabo un gran número de acciones, desde cosas sin importancia (como pintar "con un spray" en el muro de sus amigos o enviar macetas virtuales con plantas que "crecen" un poco cada día) hasta utilidades muy interesantes (como la posibilidad de añadir un cliente de *chat* a su perfil o crear un currículum).

En el momento en que este libro ha sido publicado, dispone de más de 10.000 aplicaciones entre las que elegir. Siga leyendo para saber cómo buscar e instalar las mejores de ellas.

NOTA

En mayo de 2007, Facebook permitió el acceso gratuito a la plataforma de Facebook. Esto implicó que, por primera vez, cualquier persona con habilidades para programar y las ganas para ello podía crear una aplicación. Desde entonces, el número de aplicaciones para Facebook ha subido como la espuma. Si quiere hacer algo, seguro que alguien ya ha creado una aplicación para que ese algo sea posible.

Modificar su página de inicio y su perfil

Facebook le proporciona algunas formas de personalizar el aspecto de su página de inicio y de su perfil. Puede:

- **Reducir la importancia de algunas noticias y eliminar secciones de su página de inicio:** Para reducir la importancia de algunas de las noticias que aparecen en la sección de noticias recientes de su página de inicio, vaya a la derecha de la noticia y haga clic en el icono de editar y seleccione como desea ver la noticia. Al hacer esto, el texto se vuelve más claro, y el cuerpo de la noticia se reduce o amplia a un par de líneas. La historia no desaparece por completo, pero tampoco le molesta ocupando media página.

Facebook recuerda las noticias a las que usted quita importancia, y ajusta la configuración de sus canales de noticias en consecuencia. Si le gusta un tipo concreto de historias, haga clic en el icono del pulgar que aparece junto a la X para indicar a Facebook que le gustan ese tipo de noticias.

Para eliminar una sección de su página Web, haga clic en el vínculo **Eliminar**. Al hacerlo, Facebook elimina la historia.

▶ **Ocultar las aplicaciones de su perfil:** Las aplicaciones que aparecen en su perfil pueden editarse en el menú **Aplicaciones** del final de la página, haga clic en **Editar** para eliminar o modificar alguna aplicación. Si hace clic en la X que aparece en el encabezado de ésta, aparecerá un cuadro de diálogo en el que podrá elegir entre ocultar la aplicación o eliminarla definitivamente.

Aplicaciones de Facebook: Introducción

Las aplicaciones de Facebook son pequeños programas que se ejecutan dentro de la plataforma. Son similares a los *plug-ins* de los navegadores Web (por ejemplo, los reproductores de vídeo) en el sentido en que le permiten hacer algunas cosas extra (algo que no podía hacer antes de haberlos instalado). Son fáciles de instalar y aparecen en el menú de aplicaciones de Facebook.

Si ya ha usado Facebook, probablemente ya se habrá familiarizado con las aplicaciones por defecto, entre las que se incluyen **Grupos**, **Eventos**, **Fotos** y **Mercado**. Hay personas que no son parte del equipo de diseño de Facebook (personas conocidas como desarrolladores externos) pero que han escrito miles de ellas, como por ejemplo iLike (que le permite añadir fragmentos de audio a su perfil) y Weekly Schedule (que le permite compartir con sus compañeros de trabajo o amigos una versión gráfica de su agenda).

Al principio la mayoría de las aplicaciones de desarrolladores externos estaban destinadas al ocio, como por ejemplo las que permiten pintar con un spray virtual en el muro de alguna persona, o enviar una oveja virtual a una persona en lugar de darle un toque. Sin embargo, ahora que el creciente número de miembros de Facebook está atrayendo a los anunciantes, las aplicaciones tenderán a ser más profesionales y orientadas a la empresa. Professional Profile, por ejemplo, le permite publicar y editar su currículum en Facebook, al mismo tiempo que registra a aquellas personas que acceden a él. Chat-Instant Messaging le permite añadir un cuadro de diálogo en su perfil con el que puede comunicarse con sus compañeros de trabajo sin tener que abandonar Facebook.

Las aplicaciones de Facebook son fáciles de encontrar, instalar y usar. El único inconveniente de su uso es que al instalarlas se permite, de forma automática, el acceso del equipo de desarrolladores de esa aplicación a su perfil, lo que implica un riesgo para su seguridad. Siga leyendo para saber más.

NOTA

Si está interesado en crear una aplicación, visite http://developers.facebook.com, donde se dan detalles sobre la nueva plataforma de desarrollo de Facebook (puede acceder a esta página dirigiéndose a la parte inferior de cualquier ventana y haciendo clic en Desarrolladores).

Encontrar aplicaciones

El directorio de aplicaciones de Facebook le permite buscar aplicaciones por categoría o popularidad, o ver una lista de las más recientes. Para encontrar aplicaciones:

1. En el menú **Aplicaciones**, haga clic en el vínculo **Aplicaciones** o en el vínculo **Editar** que aparece al hacer clic en éste. A continuación, en la página que aparece, haga clic en **Buscar más**.

2. Busque su aplicación. Si sabe lo que está buscando (por ejemplo, algo que facilite su vida en la universidad, o que la haga más sencilla) vaya a la columna que aparece a la derecha y seleccione una categoría como, por ejemplo, **Educación**. Si tiene curiosidad sobre qué aplicaciones son las más populares, haga clic en una de las pestañas que aparece en la parte superior de la página: **Las más populares**, **Usuarios más activos** y **Las más recientes**.

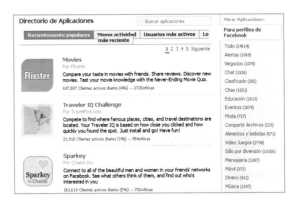

Instalar aplicaciones

Para poder usar una aplicación es necesario instalarla. Hacerlo es muy sencillo:

1. En el **Directorio de aplicaciones** haga clic en el nombre de la aplicación que quiere instalar. Aparecerá una página con información sobre esa aplicación.

> **TRUCO**
>
> Otra forma de instalar aplicaciones: cuando visite el perfil de un amigo y vea una aplicación interesante, puede hacer clic en el vínculo **Añadir** que aparece en el encabezado. Después, siga el paso 3 que aparece a continuación.

2. Haga clic en **Ir a la aplicación**.

3. En el cuadro de confirmación que aparece haga clic en **Permitir**.

> **TRUCO**
>
> Deje seleccionada una o varias casillas del tipo **Coloque un enlace** para poder encontrar fácilmente la aplicación después de haberla instalado.

> **NOTA**
>
> Puede instalar algunas aplicaciones en sus **Páginas** de Facebook (si cuenta con alguna), además de en su perfil. En la página de confirmación verá botones por separado para instalar esa aplicación en su perfil y en su página.

Facebook instala la aplicación y la muestra para que pueda comenzar a usarla.

Usar aplicaciones

La forma de usar cada aplicación, así como las cosas que puede hacer dependen exclusivamente de cada aplicación en concreto. Sin embargo, la forma de abrir una aplicación es siempre la misma. Tiene que ir al menú **Aplicaciones** y hacer clic en el nombre de la aplicación que quiere usar.

TRUCO

Si eligió que no quería que sus aplicaciones apareciesen en su perfil o en su menú de Aplicaciones, aún puede usarla. Para ello, vaya al menú Aplicaciones y haga clic en Editar. A continuación, en la página que aparece, haga clic en el nombre de la aplicación que quiere usar.

Independientemente del lugar donde aparezca el vínculo de la aplicación, tan pronto como haga clic en él, Facebook mostrará la aplicación, lista para ser usada.

Aplicaciones problemáticas

Si una aplicación no funciona de la forma en que usted esperaba, dispone de un par de opciones. Puede desinstalar la aplicación o comprobar si hay alguna sección de ayuda o un FAQ (*Frequently Asked Questions*: Preguntas más habituales). Si no hay ni ayuda ni un FAQ al que recurrir, siempre puede contactar con la persona que creó la aplicación. Para ello:

1. Vaya a la parte inferior de cualquier ventana de Facebook y haga clic en **Ayuda**.

2. Vaya a la parte inferior de la ventana que aparece. En la sección **Aplicaciones** haga clic en el nombre de la aplicación sobre la que necesita ayuda.

3. En el cuadro de diálogo que aparece haga clic en el vínculo **Página de ayuda** (si existe). De no existir, o si existe, pero la información que ha encontrado

no le ha servido de ayuda, escriba su pregunta o comentario en el campo **Tu mensaje** y haga clic en **Enviar**.

Controlar dónde aparecen las aplicaciones y quién sabe que las está usando

Al instalar por primera vez una aplicación, Facebook le da la oportunidad de indicar dónde quiere que aparezca su aplicación: por ejemplo en el menú **Aplicaciones**, o en su perfil como sección o como un pequeño icono bajo su imagen de perfil.

Sin embargo, puede cambiar de opinión en cualquier momento, y por ejemplo, indicar a Facebook que deje de mostrar una aplicación en su perfil. Además, puede indicar si quiere o no que Facebook indique qué es lo que usted está haciendo con su aplicación en sus mini-noticias y en los canales de noticias de sus amigos.

Para modificar el lugar donde aparece una aplicación, así como quién sabe que la está usando:

1. Vaya al menú **Aplicaciones** y haga clic en **Editar**.

2. En la página que aparece busque el nombre de la aplicación que quiere modificar y haga clic en **Editar configuración**.

3. Indique a Facebook dónde quiere que aparezca la aplicación y a quién debe indicar que la está usando. La mayoría de opciones son bastante claras, pero hay un par de ellas que quizá le confundan un poco. Si selecciona cualquier opción distinta a **Nadie** en el menú desplegable **¿Quién puede ver esto?**, se añadirá una sección similar a la que puede ver en la figura que aparece a continuación. Si selecciona la casilla de verificación **Agregar Abrazos a marcadores** se añadirá un pequeño icono a la fila de iconos que aparece bajo su imagen de perfil.

No todas las aplicaciones ofrecen opciones de configuración extra. Si puede ver el vínculo Otras opciones de privacidad haga clic en él. Podrá acceder a la configuración de elementos adicionales (como vínculos e incluso otras aplicaciones) que la aplicación puede mostrar en su perfil.

Eliminar aplicaciones

Si una aplicación no le gusta, o simplemente ocupa demasiado espacio en su menú Aplicaciones o en su perfil, puede eliminarla rápida y fácilmente:

1. Vaya al menú Aplicaciones y haga clic en Editar.

2. Busque el nombre de la aplicación que desea eliminar y haga clic en **Eliminar**. En el cuadro de confirmación que aparece haga clic en **Eliminar**.

Personalizar su menú de aplicaciones

A menos que indique lo contrario, Facebook va a mostrar todas sus aplicaciones en el orden en que las instaló en el menú Aplicaciones. Las aplicaciones por defecto van a aparecer en la parte superior de la lista. Sin embargo, puede modificar el orden de ésta. Puede que quiera hacerlo si usa una aplicación más que otra, y quiere que aparezca en la parte superior. Para reorganizar el menú:

1. Vaya al menú de aplicaciones y haga clic en Aplicaciones.

2. Seleccione y arrastre el cursor de la aplicación que quiera mover. Cuando la aplicación aparezca en el lugar que desea, suelte el botón del ratón.

> **NOTA**
>
> Otra opción es hacer clic y arrastrar el vínculo de la aplicación directamente.

3. Una vez haya terminado de reorganizar su menú **Aplicaciones**, haga clic en cualquier otra parte de la ventana para que aparezca de nuevo el menú.

Aplicaciones y privacidad

Antes de instalar una aplicación tiene que permitir que quienes crearon la aplicación puedan acceder a toda (sí, toda) la información de carácter personal que ha incluido en Facebook. Es más. Facebook no se hace responsable de que estas personas hagan un uso indebido de esta información, la pierdan, la vendan, o la publiquen en la fachada de un edificio con letras de 20 metros de ancho. No es una idea que tranquilice mucho (sobre todo si ha incluido información como su dirección postal, los datos de su tarjeta de crédito y otros detalles similares).

En el siguiente capítulo veremos en detalle todas las cuestiones relacionadas con la privacidad, y le recomendamos fervientemente que lo lea. Este capítulo se resume en lo siguiente: al decidir si quiere compartir su información de Facebook, piense en toda la información de carácter personal que haya incluido, y cuánto daño podría causar si ésta cayera en malas manos, frente al beneficio que pueda originar la aplicación en cuestión.

CAPÍTULO

13

PRIVACIDAD EN FACEBOOK

Las redes sociales como Facebook basan su funcionamiento en que millones de personas divulguen de forma voluntaria información personal. Pero en un mundo donde la suplantación de identidad es un problema en auge, y donde los *spammers* recopilan direcciones de correo electrónico para enviar publicidad, ¿cómo puede usted aprovechar las ventajas que Facebook le ofrece al mismo tiempo que reduce el riesgo de que se divulgue su información personal? En este capítulo vamos a tratar las cuestiones relativas a la privacidad en Facebook, a la vez que le explicamos diferentes estrategias para mantenerse seguro (desde la planificación y la configuración de las opciones de privacidad hasta el control de daños en caso de intrusión).

Introducción a la privacidad en Facebook

Si es usuario de Internet, la privacidad es una cuestión a tener en cuenta. Usar Internet: riesgo de seguridad. Usar el correo electrónico: riesgo de seguridad. La triste realidad es que ahí afuera hay muchos chicos malos y que, para algunos de ellos, su información personal vale mucho dinero. Ni siquiera los antivirus ni los cortafuegos pueden evitar a veces que usted sufra las acciones de estos delincuentes. Y aunque Facebook promete hacer todo lo posible para proteger los datos personales que usted añade a su perfil, a veces se cometen errores. De hecho, la política de privacidad de Facebook establece claramente que cualquier información que usted incluya en la plataforma "podría hacerse pública", y que todos los usuarios se comprometen a usar la página "por su propia cuenta y riesgo". No es algo muy tranquilizador.

> **NOTA**
> Si desea leer la política de privacidad de Facebook, vaya a la parte inferior de cualquier ventana de Facebook y haga clic en Privacidad.

> **NOTA**
> Si usted es como la mayoría de las personas, su información personal ya estará almacenada en varias bases de datos (en la de su banco, en la de su revista favorita, etcétera). Sin embargo, lo que hace únicos los datos personales almacenados en Facebook es que éstos incluyen información de carácter íntimo (como su ideología política, su culto religioso o sus relaciones sentimentales). Esta combinación de información, unida a una imagen de usted, es una de las cosas que hace Facebook tan interesante y atrayente (pero también potencialmente peligroso). Teóricamente, alguien podría averiguar en qué ciudad vive, y que planea asistir el próximo jueves a las 20 h. a su club de lectura. Armado con una imagen de usted, esa persona podría presentarse en el club de lectura e intentar convencerle que es un primo muy lejano, que está pasando una mala racha, y que necesita dinero para empezar de nuevo.

El truco consiste en mantener el equilibrio entre los beneficios que puede obtener al usar Facebook (e Internet en general) y los riesgos derivados de perder el control sobre su información privada.

Amenazas para su privacidad

Algunos de los riesgos para la privacidad asociados con Facebook son los mismos a los que se enfrenta cualquier empresa on-line, como por ejemplo los informes recientes que afirman que el código fuente de Facebook (la programación que permite que la plataforma funcione) se filtró a Internet, lo que potencialmente abría una vía a que un *hacker* pudiera acceder a la información personal de Facebook. Además, cualquier información que usted envíe a través de Internet puede ser interceptada. Asimismo, existen una serie de riesgos específicos asociados a Facebook:

- **Desarrolladores externos de aplicaciones y otros asociados de Facebook:** Antes de usar una aplicación de Facebook ha de autorizar que la persona o empresa que creó esa aplicación pueda acceder a su información personal. Una vez que usted autorice este acceso, el control sobre sus datos está fuera del alcance de Facebook. Si el creador de esa aplicación hace un uso ilícito de esa información, el problema será entre usted y esa persona. Del mismo modo, la política de privacidad de Facebook permite a la plataforma compartir sus datos personales con empresas que se anuncian o venden productos en Facebook, y es la responsabilidad de esas empresas mantener esos datos seguros.

- **Personas que usted no creía que tenían acceso a su perfil:** Si cree que sólo las personas que viven en su ciudad, fueron a la misma universidad que usted o trabajan en la misma empresa pueden ver su perfil, se equivoca. Los responsables de recursos humanos, padres, profesores, policías y otras personas que insistan en ello pueden encontrar una forma de acceder a su perfil (bien preguntando a un compañero de trabajo o amigo que sea un miembro de su red de Facebook o, en el caso de un policía, mediante una orden judicial).

- **Cualquier persona que use un motor de búsqueda:** En función de los niveles de privacidad que usted establezca en Facebook, cualquier persona podrá encontrar la información de su perfil usando un buscador como Google o Yahoo, incluso aunque esta persona no sea miembro de Facebook.

NOTA

Gran parte de los niveles de privacidad de Facebook están desactivados (porque Facebook asume que usted quiere que todo el mundo pueda ver su información personal a menos que usted indique lo contrario), por lo que su información correrá peligro a menos que ajuste su configuración de privacidad tal y como se indica en este capítulo.

Estrategias a seguir para que su información siga siendo privada

Hasta aquí las malas noticias. Las buenas son que, siguiendo tan sólo tres sencillas estrategias, podrá controlar todo lo relacionado con la privacidad de sus datos:

◗ **No publique información confidencial en Facebook:** Usted decide qué información comparte en la página, y en qué grado. Los chicos malos no podrán robar el número de su DNI si no lo incluye en Facebook.

◗ **Ajustar su configuración de seguridad:** Al igual que si mantiene cerrada la puerta de su casa reduce dramáticamente el riesgo de que lo roben, ajustar la configuración de seguridad reduce (pero no elimina) la posibilidad de que la información que haya introducido en Facebook pueda caer en malas manos. En este capítulo vamos a indicarle qué ajustes debe configurar para proteger su privacidad.

Decidir cuánto quiere compartir

El grado de información personal que quiera compartir con los demás en su perfil de Facebook es una decisión completamente personal. Sin embargo, hay una serie de cuestiones que quizá quiera considerar:

◗ **Proporcione a Facebook sólo aquella información que tenga que incluir para obtener lo que desea de la página:** Si lo que busca es, por ejemplo, relacionarse con personas a las que les gusta la misma música que a usted, limite la información de su perfil relacionada con sus datos profesionales. Si lo que quiere es encontrar consejos para criar a sus hijos, probablemente no sea necesario incluir información sobre su formación académica.

◗ **Mantenga sus identidades pública y privada separadas:** Si está pensando usar Facebook para encontrar trabajo, piénselo dos veces antes de publicar esas fotos de sus vacaciones salvajes en Jamaica. No debe eliminar por completo todas las menciones a su vida personal, pero quizá debería limitar el tipo de información que publica, en relación a su actividad profesional o académica.

◗ **Piense en crear una dirección de correo electrónico sólo para Facebook:** Empresas como Google o Yahoo le permiten crear una cuenta de correo electrónico gratis que puede utilizar para registrarse en Facebook. Al usar una cuenta de correo sólo para Facebook va a proteger su dirección de correo profesional o la de su hogar de un robo accidental o deliberado (es decir, *spammers*).

◗ **Si la información es confidencial y opcional, no la publique:** La gente que acceda a su perfil no tiene por qué conocer su dirección o su número de teléfono. Si conoce a gente a través de Facebook, y quiere compartir esta información, dispone de formas de hacerlo mucho más privadas (como por ejemplo un mensaje).

- **Si tiene dudas, use el método "mamá o jefe":** Si se siente cómodo contándole algo a su madre o a su jefe, publíquelo en su perfil. De no ser así, omítalo.

> **NOTA**
> A Facebook no le importa cuánta información incluye en su perfil, aunque lo que sí pide es que la información que incluya sea exacta y verdadera. Si crea una cuenta en Facebook con un nombre y con detalles falsos podrían expulsarle de la página.

Controlar el acceso a su cuenta

Del mismo modo que debe ser cauteloso para que la gente no acceda a la información online de su cuenta, también debe tener cuidado en el mundo real. Asegúrese de que nadie puede acceder a Facebook como si fuera usted. Usted ya sabrá que no debe compartir su contraseña con nadie. Sin embargo, hay un par de cuestiones que también debe considerar para proteger su cuenta. Para evitar que sus compañeros de trabajo, de facultad o familiares usen su ordenador para acceder a su cuenta de Facebook (bien de forma accidental o intencionadamente), siga los siguientes pasos:

1. **Acceda de forma inteligente:** Tras escribir su dirección de correo electrónico y su contraseña de Facebook en la página de acceso (http://es.facebook.com) asegúrese de deseleccionar la casilla Recordarme antes de hacer clic en **Iniciar sesión**.

> **NOTA**
> Al seleccionar la casilla Recordarme va a indicar a Facebook que le mantenga de alta en el sistema hasta que haga clic en el vínculo Cerrar sesión, incuso aunque cierre su navegador o apague su ordenador. En teoría esto le permitiría ahorrar tiempo. Sin embargo, si está usando un ordenador en la universidad, la biblioteca o cualquier ubicación pública, hay muchas posibilidades de que se olvide de salir del sistema, y dejar su cuenta abierta.

2. **Salga del sistema cuando haya terminado de usar Facebook:** Antes de pasar a lo siguiente en su lista de cosas que hacer, tómese un momento para hacer clic en el vínculo Cerrar sesión que aparece en la esquina superior derecha de cualquier ventana de Facebook. Al hacer eso evitará que cualquier

persona pueda acceder a Facebook si se olvida de cerrar el navegador Web en la pausa para el desayuno.

Ajustar su configuración de privacidad

Facebook lleva a cabo una gran labor de promoción sobre sus esfuerzos para proteger la privacidad de sus miembros. Por tanto, puede que le sorprenda, pero a menos que los modifique, los ajustes de privacidad están ajustados por defecto con los niveles de protección más bajos.

En un estudio sobre privacidad publicado recientemente por un periódico británico, el 41% de los miembros de Facebook estudiados eligió hacerse amigo de una rana de plástico, dando acceso por tanto a la ficticia "Freddi Staur" (un anagrama de ID Fraudster: robadora de DNI) a información personal como sus direcciones postales, los nombres de sus hijos y las fotos de familia. ¿La moraleja? No acepte amistades de forma indiscriminada, ya que en la vida real no lo haría.

Es usted quien tiene que comprender el funcionamiento de la configuración de privacidad de Facebook, cómo acceder a ésta y cómo ajustarla. Esto supone mucho trabajo.

Afortunadamente, este libro ha hecho la mayor parte del trabajo por usted, por lo que todo lo que tiene que hacer es leer esta sección y ajustar su configuración.

Controlar quién puede ver su perfil y su información de contacto

Puede limitar el acceso a su perfil a determinados grupos de personas, como por ejemplo las personas que forman parte de sus redes. Asimismo, puede ocultar secciones específicas de su perfil (como su información de contacto y las aplicaciones que ha instalado) a determinados grupos de personas, como aquellas que pertenezcan a una red concreta o a todos sus amigos. Para ello:

1. En la parte superior de cualquier ventana de Facebook haga clic en **Configuración** y luego en **Privacidad**.

2. En la página que aparece haga clic en **Perfil**.

Para confusión de los usuarios, hay dos vínculos llamados **Privacidad**. Si hace clic en el que tiene la "P" mayúscula podrá ver la política de privacidad de Facebook. Si hace clic en el que tiene la "p" minúscula, podrá modificar su configuración de privacidad.

amigos y compañeros de trabajo puedan verle, seleccione **Personas de [Nombre de red] y amigos**. En caso de que no quiera permitir el acceso a todas las personas de una red, pero sí a sus amigos y a los amigos de éstos, así que seleccione **Amigos de mis amigos**. Si elige **Sólo mis amigos**, evitará que las personas que no forman parte de su **Lista de amigos** puedan ver su perfil. Si desea limitar el acceso a determinadas secciones de su perfil, o simplemente limitar el acceso de una forma que no recoge ninguna de las opciones mencionadas, haga clic en **Edita tu configuración personalizada**.

3. En la página **Privacidad – Perfil** que aparece, use los diferentes menús desplegables para controlar quién puede acceder a su perfil, a su **Lista de amigos**, ver su información de contacto, etc. Se trata de una página de gran tamaño, por lo que hay bastantes ajustes que configurar. Sin embargo, la mayoría de opciones son muy similares, y Facebook divide los ajustes en dos categorías básicas para facilitar la elección de cada opción para cada ajuste:

   ◆ **Básico**: En esta sección puede limitar el acceso a su página de perfil. Si quiere que sus antiguos

- **Información de contacto**: En esta sección puede configurar los métodos de contacto que no son propios de Facebook, como su número de teléfono, su dirección o su nombre de pantalla en su programa de mensajería instantánea. Seleccione en todos estos campos **Sólo amigos** a menos que tenga una buena razón para no hacerlo (por ejemplo, si se ha registrado en Facebook porque está coordinando el encuentro de antiguos alumnos de su instituto, y sus antiguos compañeros tienen que contactar con usted). Considere la posibilidad de seleccionar la opción **Nadie** en los campos relativos a su dirección de correo electrónico para así evitar que su dirección personal o profesional se llene de spam.

4. Cuando haya acabado de configurar sus opciones de privacidad, vaya al final de la página y haga clic en **Guardar cambios**.

Ocultarse de las búsquedas en Facebook y en la Red

A menos que indique lo contrario, Facebook mostrará su perfil y su imagen a cualquier persona que la busque usando la característica de búsqueda de Facebook (por lo que podrá enviarle un toque, un mensaje o una solicitud de amistad), así como a cualquier no miembro que le busque usando un motor de búsqueda como Google.

Después de todo, permitir que la gente le encuentre y contacte con usted es la principal razón por la cual la mayoría de las personas se unen a Facebook.

En la sección Básico también puede establecer quién podrá ver su página Web personal (si dispone de una). En la mayoría de los casos querría seleccionar la opción Personas de [Nombre de red] y amigos.

El problema viene a continuación. Si alguien le da un toque (o un mensaje, y usted lo responde; o le envía una solicitud de amistad y usted la acepta), Facebook proporcionará de forma automática acceso temporal a esa persona a su perfil, aunque ésta no sea ni un amigo ni un miembro de sus redes.

Si bloquea a alguna persona evitará que ésta pueda ver su perfil o que interactúe con usted de cualquier forma.

Si le pone nervioso la idea de que alguien al que no conoce goce de acceso temporal a su perfil, tiene tres opciones:

- **Indicar a Facebook que no muestre ni su nombre ni su imagen en los resultados de búsqueda de aquellas personas que no sean sus amigos:** Ésta es una buena opción si no quiere que contacten con usted antiguos amigos o empleadores potenciales, y simplemente se unió a Facebook para estar en contacto con la gente que conoce. Para recurrir a esta opción, vaya a la parte superior de cualquier ventana de Facebook y haga clic en **Configuración** y luego en **Privacidad**. En la página que aparece, haga clic en **Búsqueda**. Por último, en el menú desplegable ¿Quién Puede Encontrarte En Una Búsqueda? seleccione Sólo amigos (al hacerlo, el campo Listado Público de Búsqueda desaparece). Para confirmar los cambios, vaya a la parte inferior de la página y haga clic en **Guardar cambios**.

Para evitar que cualquier persona (incluyendo aquéllas que no son miembros de Facebook) le encuentren usando un motor de búsqueda como Google, vaya a la casilla de verificación Crear un listado de búsqueda pública propio y enviarlo para indexarlo en los motores de búsqueda (ver vista previa) y deselecciónela. Para ver qué ocurre si la deja seleccionada, haga clic en Ver vista previa para comprobar los resultados que aparecerían en un buscador en función de las opciones establecidas en el menú ¿Quién Puede Encontrarte En Una Búsqueda?. Los no miembros podrán ver que usted forma parte de Facebook, pero no podrán ver su perfil completo ni contactar con usted hasta que se hagan miembros de la plataforma.

- **Limitar la información que aparece en los resultados de búsqueda:** Por ejemplo, puede indicar a Facebook que no incluya en éstos su imagen, o que no permita que sus amigos le envíen toques o que vean quiénes son sus amigos. Esta opción le permite ponerse en contacto con sus amigos, a la vez que minimiza el riesgo de mostrar demasiada información de su perfil sin que usted lo sepa. Para ello: vaya a la parte superior de cualquier ventana de Facebook y haga clic en **Configuración** y luego en **Privacidad**. En la página que aparece, haga clic en **Búsqueda**. En la página Privacidad>Búsqueda vaya a la sección ¿Cómo puede alguien contactar conmigo? y deseleccione aquellas casillas de verificación que se correspondan con los elementos que no quiere que aparezcan en los resultados de búsqueda (por ejemplo, puede deseleccionar todas las casillas excepto **Ver tu foto** y **Enviarte un mensaje**). Cuando haya terminado, haga clic en **Guardar cambios**.

> La idea de "resultados de búsqueda" hace referencia tanto a las personas que busquen desde dentro de Facebook hasta aquellas que usen Yahoo o cualquier otro motor de búsqueda.

Contenido de los resultados de búsqueda

Usa estas casillas de verificación para controlar lo que la gente puede ver sobre ti y cómo pueden ponerse en contacto contigo cuando te encuentren en sus búsquedas.

Las personas que pueden verme en las búsquedas pueden ver:

☑ Mi foto de perfil
☑ Mi lista de amigos
☑ Un enlace para agregarme a sus amigos
☑ Un enlace para enviarme un mensaje

Configuración de las notificaciones automáticas a través de canales electrónicos

Los miembros de Facebook pueden ver qué es lo que está haciendo accediendo a la sección de mini-noticias de su perfil, y solicitando el envío de noticias de forma automática a través de un canal automático, en el que se indiquen todas las actividades que usted lleva a cabo en Facebook. Para controlar el tipo de información que aparece en estas notificaciones:

1. En la parte superior de cualquier ventana de Facebook, haga clic en **Configuración** y luego en Privacidad.

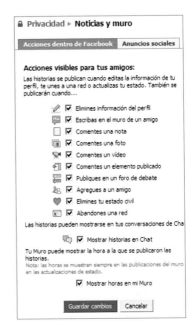

2. En la página que aparece, seleccione **Noticias y muro**. En la página que aparece, deseleccione aquellas casillas de verificación que aparezcan junto a aquellas categorías sobre las cuales no quiera que

aparezca nada en las notificaciones que reciban sus amigos, así como en las mini-noticias que aparecen en su perfil (recuerde que cualquier persona que pueda leer su perfil podrá leer sus noticias). Cuando haya terminado, haga clic en **Guardar cambios**.

Delimitar el acceso a la información de sus aplicaciones

No puede utilizar una aplicación de Facebook creada por un desarrollador externo sin dar permiso a esa aplicación a que acceda a su perfil. Asimismo, si usted es amigo de alguna persona que también haya instalado alguna aplicación, ésta tendrá acceso a la información de su perfil. Para llevar a cabo un control sobre el grado de acceso de las aplicaciones a su información personal puede:

▶ **En algunos casos, limitar la forma en que la gente interactúa con la aplicación que ha instalado:** Si ha vinculado un determinado álbum de fotos a la aplicación Photo puede, por ejemplo, ocultar ese álbum a determinadas redes. O, si ha creado varios artículos en un *blog* usando la aplicación Notas, puede indicar a Facebook quién puede realizar comentarios sobre éstas. La capacidad para delimitar el acceso de una aplicación a la información va a depender de cada caso en concreto.

▶ **Limitar la información que Facebook "entrega" a las aplicaciones de sus amigos:** Cuando sus amigos

instalan aplicaciones, éstas van a encontrarle antes o después. No puede evitar que las aplicaciones de sus amigos adquieran información sobre usted (y sobre sus amigos), pero sí puede ocultar determinada información de su perfil.

Para limitar la forma en que sus amigos y sus compañeros de red interactúan con las aplicaciones que usted haya instalado:

1. En la parte superior de cualquier ventana de Facebook haga clic en Configuración y luego en Privacidad.

2. En la página que aparece, haga clic en Aplicaciones.

3. En la página Privacidad>Aplicaciones busque la aplicación cuya configuración de privacidad quiera ajustar, y haga clic en Configuración de privacidad. La página que aparezca dependerá de cada aplicación. Por ejemplo, Notas le permite especificar quién puede ver sus notas, escribir comentarios y suscribirse. La aplicación Fotos le permite ajustar la configuración de privacidad de forma individual para cada álbum (si una aplicación no cuenta con un vínculo Configuración de privacidad, y no se trata de una aplicación incluida por defecto en Facebook, no podrá modificar su configuración, en cuyo caso, siempre tendrá la opción de eliminarla si no le gusta la forma en que actúa).

Para limitar la cantidad de información personal que Facebook proporciona a las aplicaciones de sus amigos:

1. En la parte superior de cualquier ventana de Facebook haga clic en **Configuración** y luego en **Privacidad**.

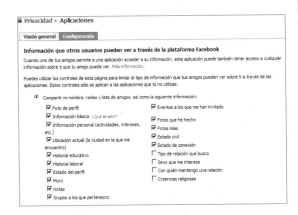

2. En la página que aparece, seleccione **Aplicaciones**. A continuación, haga clic en la pestaña **Configuración**.

3. Deseleccione aquellas casillas de verificación que aparezcan junto a aquellas categorías de información que quiera ocultar a las aplicaciones de sus amigos. Probablemente querrá deseleccionar todas las casillas, excepto en el caso de que quiera que sus amigos sepan que usa una aplicación en concreto (a veces es divertido ser el primero que "descubre" una aplicación tan divertida que todo el mundo quiere comenzar a usar). Haga clic en **Guardar cambios**.

> **NOTA**
>
> Otra forma de evitar que las aplicaciones de sus amigos reciban información sobre usted es bloquear una aplicación. Al hacerlo, esa aplicación no recibirá ningún tipo de información. Para ello, vaya al directorio de aplicaciones (haga clic en Aplicaciones y a continuación en Ver más aplicaciones) y seleccione el nombre de la aplicación que desea bloquear. En la página que aparece, haga clic en el vínculo Bloquear aplicación.

Defenderse de los ataques a su privacidad

Si está siendo acosado por otro miembro de Facebook (alguien que deja comentarios de mal gusto en su muro, le envía mensajes con amenazas o le da 50 toques al día) puede pasar a la acción. La primera cosa que debe hacer es detener a la persona que le molesta. Si esto no funciona, puede dar un paso más y ponerse en contacto con Facebook.

Bloquear a miembros de forma individual

Facebook le permite evitar que determinadas personas sepan que usted forma parte de esta plataforma. Si bloquea a alguien, esta persona no podrá ver su perfil, encontrarle usando las búsquedas de Facebook o contactar con usted. Para ello:

> **NOTA**
> Si no desea que una personas que no sea miembro de Facebook le encuentre usando un buscador como Google, tendrá que indicar a la plataforma que no cree un listado de búsqueda público sobre usted.

1. En la parte superior de cualquier ventana de Facebook haga clic en **Configuración** y luego en **Privacidad**.

2. En la página que aparece, vaya a la sección **Lista de bloqueos** y escriba el nombre de la persona a la que desea bloquear el acceso. A continuación haga clic en **Bloquear**.

3. En los resultados de la búsqueda que aparecen, busque el nombre de la persona que quiere blo-

quear, y haga clic en el botón **Bloquear** que aparece junto a su nombre.

Bloquear personas	Persona	
Si bloqueas a alguien, no podrá encontrarte en el buscador de Facebook, ver tu perfil ni interactuar contigo a través de los canales de Facebook (como el muro, los toques, etc.). Cualquier vínculo que tengas en		Bloquear

Informar sobre infracciones

Facebook se toma muy en serio el incumplimiento de su política de privacidad. La página facilita la labor de informar sobre estas infracciones mostrando un vínculo **Reportar** en todas las páginas de aplicaciones, así como junto a cualquier fragmento de información que los miembros añaden a su sitio, desde hilos de debate hasta mensajes en el muro.

> **NOTA**
> Se considera "ofensiva" cualquier cosa, desde pornográfica hasta amenazadora. Para ver una lista de las conductas que Facebook considera que pertenecen a esta categoría, visite el Código de conducta de la página en **www.facebook.com/codeofconduct.php**.

Además de sentirse molesto por cualquier cosa publicada por otros miembros en sus muros o perfiles, los usuarios pueden considerar como ofensivas las aplicaciones creadas por desarrolladores externos. Dentro de esta categoría podemos incluir desde aquellas que permiten subir tantas fotos de desnudos como pueda, hasta aquellas que no funcionan como se indica, pasando por las aplicaciones que usted considere que están utilizando la información de su perfil de forma incorrecta.

Para informar sobre una aplicación:

1. Busque el nombre de la aplicación en el **Directorio de aplicaciones** (haga clic en **Aplicaciones** y a continuación en **Ver más aplicaciones**), encuentre el nombre de la aplicación sobre la que quiere informar, y haga clic en el nombre de ésta.

2. En la página que aparece, haga clic en **Informar sobre aplicación**.

3. En la ventana emergente que aparece, seleccione en el menú desplegable la causa por la cual está informando a Facebook sobre esta aplicación. Escriba sus

comentarios en el cuadro de texto y a continuación haga clic en **Enviar**.

Para informar sobre cualquier otra infracción como mensajes amenazantes, o vínculos a materiales pirateados, haga clic en el mensaje o elemento en cuestión, y haga clic en el vínculo **Reportar** que aparecerá junto a él.

Otra forma de informar a Facebook sobre una infracción es enviar un correo a **abuse@facebook. com**.

Para saber más sobre cómo usar Facebook de forma segura, vaya a la parte inferior de cualquier ventana de Facebook y haga clic en Ayuda. En la ventana que aparece, seleccione Privacidad y seguridad.

14

FACEBOOK MÓVIL

Facebook es muy adictivo. Si se encuentra lejos de su ordenador, y siente la necesidad de saber qué están haciendo sus amigos, o de actualizar su estado, puede utilizar **Facebook Móvil** en su teléfono móvil para estar en contacto. Si viaja mucho, o simplemente quiere estar conectado en el trayecto entre el trabajo y su hogar, Facebook Móvil es una forma útil de acceder a la plataforma sin necesidad de recurrir a un ordenador.

Cómo funciona Facebook Móvil

Facebook Móvil es una aplicación que le permite usar su teléfono móvil (siempre que tenga capacidad para navegar por Internet) para:

» **Interactuar con Facebook a través de la pequeña pantalla de su teléfono:** La característica Mobile Web le permite usar el navegador de su teléfono para usar una versión reducida de la página Web de Facebook. Puede usar el teclado de su teléfono para hacer cosas como actualizar su estado, saber lo que están haciendo sus amigos, buscar el número de teléfono de una persona o estar al día de los grupos y eventos a los que está suscrito.

» **Interactuar con Facebook usando mensajes de texto:** La característica Mobile Texts le permite realizar diferentes acciones en Facebook desde su teléfono sin tener que acceder a la versión para móviles

de la página Web de Facebook (esta opción es, por lo general, más rápida que la característica **Mobile Web**, y debe usarla en caso de que su teléfono no disponga de navegador Web; obviamente, su teléfono tendrá que disponer de la opción de enviar mensajes de texto). Si, por ejemplo, desea escribir un mensaje rápido en el muro de un amigo, puede enviar un código de Facebook concreto junto con el nombre de su amigo y su mensaje.

» **Subir fotografías y fragmentos de vídeo:** La característica Mobile Uploads es perfecta para publicar materiales de forma rápida en grupos y eventos (así como para estar al corriente de las actualizaciones de un proyecto). Asimismo, con esta característica, puede subir materiales multimedia directamente a su cuenta Facebook desde la cámara de su teléfono.

» **Suscribirse a los materiales publicados por sus amigos:** Con la característica Mobile Subscriptions, puede suscribirse de forma que reciba una notificación en su teléfono móvil cuando sus amigos suban fotografías o fragmentos de vídeo a sus cuentas de Facebook.

NOTA

Si posee una Blackberry, eche un vistazo a la aplicación de Facebook Facebook for Blackberry Smartphones.

Al igual que el resto de aplicaciones, el uso de Facebook Móvil es gratuito. Sin embargo, recuerde que cada vez que lo use, probablemente tendrá que pagar por el uso de la conexión a Internet. Eso quiere decir que cada vez que use su teléfono para conectarse a la Red o para enviar un mensaje de texto, su compañía telefónica le cobrará por ello, lo que quiere decir que tendrá que pagar para acceder a Facebook o para dar un toque a un amigo a través de un mensaje de texto.

TRUCO

Facebook Móvil es excelente para tareas rápidas como echar un vistazo a la información de un perfil, comprobar la hora a la que comienza un evento o publicar su estado. No debería usarlo para tareas en las que tenga que introducir grandes cantidades de texto, como por ejemplo introducir información en su perfil o escribir una nota.

Configurar Facebook Móvil

Antes de poder usar Facebook Móvil tiene que llevar a cabo algunos ajustes. Sólo tiene que activar su número de teléfono, y a continuación ajustar la configuración de su teléfono. Las secciones que aparecen a continuación le indicarán cómo.

NOTA

Aunque Facebook Móvil es una aplicación, no se instala del mismo modo que otras aplicaciones. En su lugar, tendrá que seguir el proceso de activación que se detalla a continuación. Tras éste, Facebook Móvil aparecerá en su menú de aplicaciones.

Activar su teléfono

Al activar su teléfono va a asociar su número de teléfono con su cuenta de Facebook. Asimismo, va a comprobar la conexión entre su teléfono y Facebook. Para ello:

1. En la parte superior de cualquier ventana de Facebook haga clic en **Configuración**. A continuación, en la página que aparece, haga clic en la pestaña **Móvil**.

2. Escriba su número de teléfono en el campo **Número de teléfono**.

3. En el menú desplegable, seleccione su operador de telefonía móvil y haga clic en **Activar**. Facebook mostrará de nuevo la pestaña **Móvil**, junto con un mensaje que indicará que recibirá en breve un mensaje de confirmación en su teléfono.

4. Compruebe su teléfono móvil. Puede que el mensaje con el código de confirmación tarde un poco en llegar. Si no ha recibido ningún mensaje pasados

15 minutos, pulse el botón **Atrás** de su navegador y compruebe que ha introducido correctamente el número de su teléfono.

NOTA

Si no ve un mensaje de confirmación tras haber introducido el código recibido, asegúrese de que lo ha escrito correctamente (el uso de mayúsculas o minúsculas cuenta). Si sigue sin funcionar, vaya a la parte superior de la pestaña Móvil y haga clic en Ayuda. A continuación, en la página que aparece, vaya a la sección Troubleshooting (resolución de problemas) y haga clic en This isn't working on my phone (no funciona en mi teléfono). Al hacer esto aparecerá un mensaje con un vínculo Here (aquí). Haga clic en él para que aparezca un cuadro de diálogo que podrá usar para ponerse en contacto con Facebook para solicitar ayuda.

5. Escriba su código en el campo **Código de confirmación,** y haga clic en **Confirmar**. A continuación, Facebook mostrará un mensaje, en la parte superior de la página, el cual confirmará que la activación se ha producido correctamente. La aplicación **Móvil** aparecerá en su menú de aplicaciones, y podrá comenzar a usar Facebook a través de su teléfono. Antes de comenzar, es una buena idea ajustar la configuración de su teléfono móvil. Siga leyendo para saber más.

Ajustar su configuración

Lo más probable es que quiera configurar las opciones de Facebook Móvil nada más activar su teléfono, ya que éstas afectan al tipo, número y veces que recibirá mensajes de texto procedentes de sus amigos (lo más seguro es que no quiera recibir 50 toques a las 3 de la mañana, sobre todo si tiene que pagar por ellos).

Para configurar las opciones de Facebook Móvil:

1. Vaya a la página **Editar opciones de Móvil**. Si no aparece de forma automática tras haber configurado su teléfono, vaya al menú **Aplicaciones**, haga clic

en **Móvil**, y en la página que aparece, haga clic en **Editar opciones de Móvil**.

2. En la página que aparece, use las casillas de verificación, botones de selección y mensajes desplegables que aparecen para indicar a Facebook el tipo de mensajes de texto que quiere recibir. Una vez haya acabado, haga clic en **Guardar cambios**.

TRUCO

Puede configurar más de un número de teléfono desde el que acceder a su cuenta de Facebook. Para ello, vaya a la sección **Mi teléfono** en la página **Editar opciones de móvil**, y haga clic en **Gestionar teléfonos**. En la página que aparece, haga clic en **Añadir otro teléfono**, y repita el proceso de activación explicado en las páginas precedentes.

Usar Facebook Móvil

Una vez haya activado su teléfono móvil, y configurado las opciones de Facebook Móvil, está listo para usarlo. Las siguientes secciones le indican cómo:

Navegar en Facebook desde su teléfono móvil

Para visualizar e interactuar con una versión reducida de Facebook, especialmente diseñada para móviles, acceda con su teléfono a http://m.facebook.com y acceda a la página siguiendo el procedimiento habitual (la forma exacta de abrir esta página Web va a depender del modelo de teléfono; consulte el manual de instrucciones de éste para saber más).

NOTA Si tiene un iPhone, instale la aplicación concreta para este teléfono en http://iphone.facebook.com.

Con la versión móvil de Facebook puede hacer casi todo lo que oferta la versión normal de la página. Sin embargo, lo más probable es que sólo quiera hacer alguna de las cosas que aparecen a continuación:

- Ver y modificar su estado.

- Comprobar el estado de sus amigos.

- Buscar personas.

- Recibir información sobre eventos.

- Ver sus noticias.

- Comprobar la actividad reciente de sus grupos.

Interactuar con Facebook a través de mensajes de texto

Gran parte de las tareas básicas que puede llevar a cabo en Facebook (por ejemplo, actualizar su estado o enviar un mensaje a alguien) son más fáciles de llevar a cabo enviando un mensaje de texto desde su teléfono móvil, en lugar de navegar con su teléfono móvil y acceder a la versión reducida de Facebook.

Para enviar un mensaje de texto a Facebook, envíe un mensaje al 32665. En la tabla 14.1 se indican todas las tareas que puede llevar a cabo a través de mensajes de texto. Si la tarea que quiere llevar a cabo tiene algo que ver con otro miembro de Facebook, asegúrese de incluir el nombre completo de éste.

NOTA La interacción con Facebook a través de mensajes de texto no se produce en tiempo real. Pueden pasar desde un par de minutos a un par de horas hasta que las acciones que haya llevado a cabo aparezcan en Facebook. Cuando lo hagan, Facebook le enviará un mensaje de texto para informarle.

NOTA Si hay más de una persona que se llame Pablo García, Facebook le enviará un mensaje con una lista de todas las personas con ese nombre, para que así se asegure de que el mensaje le llega al Pablo García de Madrid con el que estudió en la Universidad Complutense. Para saber más sobre cómo estar seguro de que su mensaje llega a la persona indicada, vaya a la página de inicio de Facebook, y en la parte inferior haga clic en Ayuda. A continuación, seleccione Móvil.

Tabla 14.1. Acciones que puede llevar a cabo en Facebook usando mensajería de texto.

Acción	Código	Ejemplo
Actualizar su estado	@	@ estoy en una fiesta
Buscar el perfil de una persona	srch	**srch** Pablo García
Conseguir el número de teléfono móvil de alguien	cell	**cell** Pablo García
Enviar un mensaje a alguien	msg	**msg** Pablo García ¿Cómo fue la entrevista de trabajo?
Dar un toque	poke	**poke** Pablo García
Escribir en el muro de alguien	wall	**wall** Pablo García Felicidades por tu nuevo trabajo
Enviar una solicitud de amistad	add	**add** Pablo García
Escribir una nota	note	**note** estoy pasándolo muy bien en Las Vegas
Ayuda sobre la mensajería de texto	help	**help**

Subir una imagen o un vídeo

Si tiene un teléfono móvil que haga fotografías o grabe vídeo, puede subirlos directamente a Facebook (eso sí, tras ajustar adecuadamente su configuración). Para subir imágenes:

1. **Enviar una imagen de ejemplo a Facebook:** Desde la cámara de su teléfono, envíe una imagen usando un mensaje multimedia a mobile@facebook.com (la forma exacta de hacer esto dependerá de cada teléfono). En la línea de asunto de su mensaje, escriba un título para su foto.

NOTA

Si su teléfono móvil no permite el envío de MMS (Multimedia Message Service) probablemente no podrá subir materiales multimedia (haga clic en Ayuda y a continuación en Móvil para saber más). Si, por otro lado, posee un iPhone, no tendrá que preocuparse sobre esto. Simplemente, envíe su imagen como un correo electrónico normal.

2. **Si ésta es la primera vez que sube una imagen o un fragmento de vídeo, espere a recibir su código de confirmación, y a continuación escríbalo en Facebook Móvil:** Una vez Facebook reciba su imagen, la plataforma le enviará por mensajería de texto un código que tendrá que introducir en la aplicación Facebook Móvil. Para ello, vaya al menú **Aplicaciones** y haga clic en **Móvil**. A continuación,

en la página que aparece, vaya a la sección **Mobile Uploads** y haga clic en **Introducir código de confirmación**. En el campo que aparece, introduzca el código y haga clic en **Confirmar**.

 NOTA Puede introducir su código de confirmación tanto en la página habitual de Facebook como en la versión móvil de ésta. Si ya sabe cómo crear álbumes de fotos en Facebook, puede que prefiera introducir su código de confirmación usando la aplicación Fotos.

3. **Enviar más imágenes:** Tras haber completado el paso anterior, puede subir todas las imágenes que desee. Éstas aparecerán en la sección **Mobile Uploads** de su perfil.

Para subir fragmentos de vídeo:

1. Busque e instale la aplicación **Video**.

2. Suba los vídeos desde su teléfono. Envíe sus fragmentos de vídeo como mensajes multimedia a mobile@facebook.com. En el asunto del mensaje incluya una descripción del vídeo. El vídeo que usted envíe aparecerá en la sección **Mobile Uploads**.

 NOTA Si ésta es la primera vez que sube un fragmento de vídeo, tendrá que obtener su número de confirmación y escribirlo en Facebook Móvil antes de subir más vídeos.

Desactivar su teléfono

Si cambia de número de teléfono, o simplemente cambia de opinión sobre Facebook Móvil, puede desactivar el servicio de forma rápida y sencilla:

 NOTA Puede desactivar su teléfono tanto desde la página habitual de Facebook como de la versión móvil de ésta.

1. En el menú **Aplicaciones** haga clic en **Móvil**. A continuación, seleccione **Cuenta**.

 NOTA Otra forma de acceder a la pestaña Móvil es hacer clic, desde cualquier ventana de Facebook en la parte superior, en Cuenta. A continuación, haga clic en Móvil.

2. En la página que aparece, busque el número de teléfono que quiere desactivar y haga clic en el vínculo **Eliminar** que aparece junto a él. En el cuadro de confirmación que aparece, haga clic en **Eliminar**.

APÉNDICE

Facebook es muy fácil de usar (sobre todo, si tiene este libro a mano). Sin embargo, el equipo de diseño de Facebook añade de forma regular nuevas características, al mismo tiempo que modifica las ya existentes. Por tanto, puede que algún día acceda a Facebook y encuentre una nueva opción en el menú, o descubra que su aplicación favorita no funciona tal y como usted esperaba. Si llega ese día, lo mejor es que eche un vistazo a la sección de ayuda de Facebook, o que visite otras páginas Web dedicadas a esta página. Siga leyendo para saber más.

Ayuda de Facebook

A diferencia de lo que sucede con la ayuda de otras páginas, la ayuda de Facebook es fácil de encontrar, bien redactada, breve, y por lo general, bastante útil. Para acceder a la ayuda de Facebook:

1. Vaya a la parte inferior derecha de cualquier ventana de Facebook y haga clic en **Ayuda**.

Facebook © 2008 Español ▼   Acerca de Publicidad Desarrolladores Trabajos Condiciones + Buscar amigos Privacidad Cuenta Ayuda

2. En la página que aparece, haga clic en el tema sobre el que quiere saber más.

TRUCO

También puede encontrar vínculos de ayuda en otras partes de la página, por ejemplo, en la parte superior de todas las aplicaciones por defecto (como Fotos, Grupos y Eventos). Si hace clic en alguno de estos vínculos, irá directamente a la página de ayuda para esa aplicación.

3. Si el tema que ha seleccionado no resuelve su duda, haga clic en otro. Si no encuentra ninguna sección que le sirva para solucionar su problema, contacte con Facebook directamente, tal y como se explica en la sección que aparece a continuación.

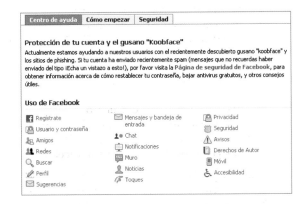

Para avisarle sobre aquellas características que están funcionando incorrectamente, Facebook muestra cuadros de color rosa en la parte superior de la página de ayuda, en los cuales se indica el fallo en cuestión.

Contactar con Facebook

Facebook muestra vínculos del tipo "haga clic para contactar con nosotros" prácticamente en todas las páginas que forman Facebook (por lo general en la parte inferior de la página). El nombre concreto del vínculo va a depender del lugar en el que aparezcan. Por ejemplo, en la sección de **Patrocinadores**, el vínculo es **Contacte con nuestro departamento de ventas**. Estos vínculos del tipo "contacte con" siempre aparecen en la parte inferior de la página de ayuda. Para contactar con Facebook:

1. Haga clic en un vínculo de ayuda o acceda a la página de ayuda. Quizá haya leído todos los temas de ayuda, pero aún tenga una duda, y ésta sea la razón por la que quiere contactar con Facebook.

2. Vaya al cuadro **Hacer una pregunta** y escriba en él su duda o problema. A continuación haga clic en **Preguntar**. Recuerde que Facebook tiene más de 50 millones de usuarios, por lo que quizá no reciba una respuesta rápida o personalizada.

Páginas de utilidad relacionadas con Facebook

La **Ayuda** de Facebook contiene todo lo relacionado con el funcionamiento de la página, asimismo, la sección **Acerca de** es la fuente oficial de novedades y notas de prensa.

Sin embargo, en muchas ocasiones la información más útil no es la que procede de fuentes oficiales. Aquí tiene algunas páginas de interés:

- El blog de Facebook (http://blog.facebook.com): Ésta es una fuente oficial, por lo que contiene información sobre actualizaciones, trucos y explicaciones redactadas por personas que trabajan para Facebook. Ésta es la página a la que debe acudir para saber más sobre una característica nueva de Facebook (o para descubrir que una antigua ha sido modificada), y por qué los ingenieros de Facebook la han modificado.

- El blog no oficial de Facebook (www.allfacebook. com): Este *blog* es un buen lugar para leer sobre cuestiones controvertidas en relación a Facebook, y sacar sus propias conclusiones. Es una página excelente para estar al día sobre Facebook.

- Inside Facebook (www.insidefacebook.com): Este *blog* independiente analiza, desde un punto de vista crítico, el modelo de negocio de Facebook. Es una página interesante si está usando Facebook para anunciarse (usted o su empresa).

- El servicio técnico de Facebook (http://getsatisfaction.com/facebook): En este foro no oficial puede encontrar preguntas (y respuestas) sobre los problemas que tenga al usar Facebook. Es una página excelente si tiene un problema y no puede esperar a que el servicio de atención al cliente de Facebook le responda.

Índice alfabético

A

Abandonar grupo, 106
Acceder
    a bandeja de entrada en Facebook, 66
    con navegador Web favorito, 18
    de forma inteligente, 185
Acciones sociales, 163
Aceptar, 31
Activar teléfono, 197
Actividades sociales, 14
Actualizaciones de estado, 55, 83
Actualizados recientemente, 55
Actualizar anuncio, 125
Administrador
    de páginas, 163
    del evento, 111
Administrar el grupo, 108
Agregar
    a lista, 56
    a mis amigos, 50
    a mis eventos, 114

Abrazos a marcadores, 177
acciones sociales a anuncio, 168
Amigo, 50
fotos, 106, 148-149
información a página, 163
más, 150
nuevo anuncio clasificado, 138
otro empleo, 29
un nuevo anuncio clasificado, 122
vídeos, 106
Agregar/Eliminar direcciones de correo electrónico, 25
Agregar otra carrera, 28
Ajustar configuración
    de privacidad, 186
    de seguridad, 184
Álbum de fotos del perfil, 30-31
Almacenar en miniatura, 31
Amenazas para su privacidad, 183
Amigos
    de mis amigos, 152, 187
    en Facebook, 42
    mutuos, 53, 127

Anunciar un puesto de trabajo, 133
Anuncios, 167
    clasificados, 124
    de mis amigos, 121, 126
    sociales, 15
        (dirigidos), 165
    y páginas, 169
Añadir
    comentarios, 92
    imágenes, vídeos y vínculos, 106
    información
        académica y profesional, 27
        de contacto, 25
        personal, 26
    más imágenes, 150
    otro teléfono, 199
    un comentario, 151
Aplicación de email, 48
Aplicaciones
    de Facebook, 173
    problemáticas, 176
    profesionales de Facebook, 14
    y privacidad, 179
Archivo de contacto, 47-48
Artículos
    deseados, 124
    publicados, 84, 146, 155-156
    subidos, 155
Automóviles, 122
Ayuda de Facebook, 204

B

Bandeja de entrada, 62, 65-66, 71, 84
banners, 160

blogs, 12, 82, 84, 86
Bloquear
    a miembros de forma individual, 193
    aplicación, 192
Borrar
    álbum, 151
    lista, 58
Buscando trabajo, 124, 138
Buscar
    amigos, 45-46
    anuncios por
        categoría, 126
        red, 125
    compañeros de
        clases, 45
        trabajo, 45
    eventos, 113
        existentes, 111
        por nombre o tema, 111
    grupos, 99-100
        y temas específicos, 99
    nuevos amigos, 49
    ofertas de trabajo, 136
    personas que no son miembros de Facebook, 48
    trabajo, 134
    un elemento dentro de una categoría, 126
    y añadir amigos, 41-42, 44, 58
Búsqueda, 44, 120, 189
Buzón de mensajes, 66

C

Cambiar
    anuncio, 169
    el nombre o la descripción, 152

Campañas de publicidad, 169
Campo
Acerca de mí, 24
Agregar a lista, 56
Archivo de contacto, 48
Buscar, 49
Búsqueda, 44, 120
Capción, 31
Cargar foto, 29
Código de confirmación, 198
Comentar, 155
Correo electrónico, 32
Cuerpo, 87-88
Descripción, 135
Estado civil, 27
Etiqueta personas en esta Nota, 87, 93
Foto, 167-168
Información básica, 23
Invita a gente que no están en Facebook vía email, 106
Invita tus amigos a Facebook, 106
Listado público de búsqueda, 189
Número de teléfono, 197
Objetivo/ Habilidades, 138
Para, 65
Presupuesto, 169
Publicar un vínculo, 106, 155
Puja, 168
Redes, 37
Teléfono móvil, 25
Título, 87
Tu mensaje, 177
Únete a una red, 38
URL de la Web, 89
¿Quién puede ver esto, 148
Capción, 31
Cargar foto, 29-30, 104

Carrera, 28
Centro religioso, 162
Cerrar sesión, 32, 185
Certifico que tengo
Condiciones de uso, 30
Charlas de equipo, 145
chat, 172
Citas favoritas, 26
Ciudad de origen, 24
Ciudad/población, 26, 29
Ciudad/Pueblo, 116
Click here to view the Marketplace guidelines, 120
Código
conducta, 193
confirmación, 198
postal, 26
Colocar un enlace, 175
Comentarios, 91
Comenzar
el primer tópico/tema, 107
un tópico/tema, 156
Compartir
dirección, 63
enlace, 70
imágenes, 147, 150
Componente ActiveX, 148
Compra compulsiva, 123
Comprar
créditos para regalos, 73
y vender, 14
Condiciones de uso, 30
Configuración
de las notificaciones automáticas, 190
de notas, 94
de privacidad, 191
guardada, 78

Configurar
  Facebook Móvil, 197
  noticias en vivo, 77
  sus noticias, 78
Confirmar
  el pedido, 169
  importación, 89
  la asistencia a un evento, 113
  solicitudes
    a través de Facebook, 52
    recibidas a través de correo electrónico, 51
Contabilidad/Finanzas, 137
Contactar con Facebook, 205
Contacto, 25
Contraseña nueva, 19
Contratar
  nuevos empleados, 130
  y ser contratado, 129-130, 132, 138
control ActiveX, 148
Controlar
  el acceso a su cuenta, 185
  la información, 94
  quién puede ver su perfil, 186
Convertir perfil en un currículum, 135
Correo electrónico de contacto, 32, 65
Cosas gratuitas, 122, 126
CPC, 169
Creación y suscripción a notas, 146
Crear
  álbum, 148
  anuncio, 124, 167-168
    clasificado, 123
  e incluir elementos en un álbum, 147
  en, 85
  evento, 116
    relacionado, 105, 115

grupos, 103
notas (blogs), 86
nueva página de Facebook, 162
página, 162
su perfil, 21
sus propios eventos, 115
un álbum de fotos, 148
un anuncio, 163
un evento, 108, 115
un grupo, 103
un listado de búsqueda, 189
una cuenta, 18
una lista nueva, 56
una nueva lista de amigos, 56
una página, 162
y publicar un anuncio social, 166
Cronología social, 53
Cuenta, 202

D

Dar
  toques, 67
  un regalo, 72
  un toque a, 68
Delimitar acceso a la información, 191
Denunciar, 127
Desactivado, 80
Desactivar
  la cuenta, 33
  su teléfono, 202
Desarrolladores externos de aplicaciones, 183
Descargar, 149
Descripción, 29, 103, 135, 148
Deshacer lo último, 78

Dirección, 26
    de correo electrónico, 25
Directorio de aplicaciones, 175, 194
Directrices
    de Mercado, 124
    sobre Publicidad de Facebook, 166
Diseñar nota, 88

E

Editar
    álbum, 151-152, 154
    configuración, 177
        de actualizaciones, 164
        de privacidad, 153
        personalizada, 187
    evento, 116
    fotos, 150
    grupo, 105, 108
    información, 26, 152
    nota, 90, 93
    opciones de Móvil, 198-199
    página, 163
    preferencias de canales, 136
    privacidad de notas, 94
    su anuncio, 125
    un álbum, 150
    una lista de amigos, 57
Educación, 174
Electrónicos, 122
Elegir
    audiencia, 167
    archivo, 29
    no recibir correos electrónicos de Facebook, 33
    notificaciones, 80

Elementos publicados, 83, 154-155
Eliminar
    acontecimientos individuales, 78
    aplicaciones, 178
    de amigos, 58
    detalles de noticias, 95
    el mensaje, 71
    esta foto, 31, 151
    etiqueta, 94
    imágenes, 151
    su anuncio, 125
    un comentario, 92
    un grupo creado, 106
    una lista de amigos, 58
Empleos, 122, 126, 136-137
Encontrar
    amigos, 47
    aplicaciones, 174
    artículos, 125
    comentarios, 94
    grupos, 101
        en función de una serie de criterios, 99
        populares, 101
        ya existentes, 99
    personas miembros de Facebook, 44
    trabajo, 15
    un empleado, 15
Encuestas, 15
Entradas, 122
Enviar
    al remitente un mensaje privado de Facebook, 71
    el mensaje a todos los miembros, 105, 107, 143
    más imágenes, 202
    mensajes, 62, 143
        a [Nombre], 127, 143
        a amigos, 61-62, 64, 74

a más de una persona, 65
a personas que (aún) no son amigos, 64
a todos los miembros del grupo a la vez, 107
una imagen de ejemplo a Facebook, 201
Escribir
en el muro
del remitente, 71
de un amigo, 69
del grupo, 107
notas desde cero, 87
una nota nueva, 87
Especificar quién puede ver un álbum, 152
Estudios de postgrado, 28
Etiquetar
imágenes, 153
notas, 93
Etiquetas, 153
Eventos, 108
de amigos, 113, 139
más populares, 111
privados, 110
próximos, 112
públicos, 110
secretos, 110
Evitar que la gente se suscriba a sus
actualizaciones de estado, 94
notas, 94

F

Facebook
for Blackberry Smartphones, 196
Marketplace, 120
móvil 196, 198, 200, 202
Favoritos, 85

Filtrar los grupos, 100
Finalizar
amistades, 58
suscripción, 85
Formación y empleo, 28
Foro de debate, 107
Foto, 31, 167-168
Frequently Asked Questions, 176

G

Gastado, 170
Gestionar teléfonos, 199
Global, 144
Grado, 28
Grupo, 65, 98
patrocinados, 130
Guardar
cambios, 24, 26-27, 188-192, 199
configuración, 153
lista, 56

H

Hacer
nuevos amigos, 14
una pregunta, 205
hacker, 183
Hombre, 167

I

Ideología política, 24
Ignorar una solicitud de amistad, 53

Importar
notas de un blog ya existente, 88
un blog, 89
Incluir información básica, 23
recibir notificaciones, 157
Información
básica, 23-24, 27
de contacto, 25, 114, 188
personal, 26
Informar sobre
aplicación, 194
infracciones, 193
Ingresar al grupo, 102
Iniciar
importación, 89
sesión, 32, 185
Instalar aplicaciones, 175
Instituto, 28
Interactuar con Facebook, 196, 200
Intercambiar
actualizaciones automáticas, 75-76, 78, 92, 94
archivos, 146
ideas, 145
Introducción a la privacidad en Facebook, 182
Introducir código de confirmación, 202
Invertir orden, 151
Invitar a
alguien a formar parte del grupo, 107
amigos, 48
gente que no están en Facebook, 106
la gente a que se una a su grupo, 105
miembros, 115
personas a que sean sus amigos, 50
personas a unirse, 105
un amigo, 156
Ir a la aplicación, 175

L

Leer y responder a mensajes, 67
Librarse de algo, 122
Libros favoritos, 26
Limpiar estado, 82
Lista de
amigos, 42, 56, 58-59, 187
bloqueos, 193
invitados, 117
Listados
patrocinados de Mercado, 170
públicos de búsqueda, 189
Local, 162

M

Mandar regalo, 74
Mantener el contacto con viejos amigos, 14
Marca o producto, 162
marketing, 15, 130, 154, 160-161
Marketplace, 120
Mensaje, 93
Mensajería, 142
Mensajes enviados, 64
Mercado, 14-15, 120-126, 173
Mi teléfono, 199
Miembros, 105, 108
Mis
anuncios, 125
artículos publicados, 156
fotos, 151, 154
Fotos de perfil, 31
notas, 89-93
páginas, 164-165

Mobile
  Subscriptions, 196
  Texts, 196
  Uploads, 196, 202
  Web, 196
Modificar
  anuncio, 125
  la privacidad de las notas, 87, 91, 146
  la información de su cuenta, 32
  página de inicio y su perfil, 172
Mostrar
  en, 123
  grupo en la página de Redes, 104
  lista invitados, 145
  los artículos recientemente publicados por, 83
  resultados de, 44
  sólo el mes y el día en mi perfil, 24
Móvil, 197-202
Movile Uploads, 202
Muro a Muro, 71
Música favorita, 26

N

Navegar, 100
  en Facebook desde teléfono móvil, 199
nick, 25
Nombre del grupo, 103
Notas
  de Nombre, 146
  de tus amigos, 84, 94
  populares, 92
Noticias
  del estado de tus amigos, 83
  en vivo, 13, 43, 76-77

  recientes, 131
  y muro, 95, 190
Notificación, 79
  en Facebook, 79
Número de teléfono, 197

O

Objetivo/Habilidades, 138
Obtener información, 147
Ocultar las aplicaciones de su perfil, 173
on-line, 4, 12, 14, 42, 81, 110, 183
Opciones para noticias, 77
Organizar
  fotos, 151
  reuniones, 144
  sus amigos, 55

P

Páginas
  de ayuda, 176
  de Facebook, 160
  de utilidad, 205
  patrocinadas, 132
  web, 26
Pagar su anuncio, 165
Pago por
  clics, 168
  vistas, 168
Participar
  en el Foro de debate, 107
  en grupos, 97
Patrocinadores, 205
Películas favoritas, 26

Perfil, 18, 23, 25-26, 186
Personal, 24, 26
Personalizar
    Facebook, 171-172, 174, 178
    menú de aplicaciones, 178
Personas
    de mis redes y amigos, 152
    de [Nombre de red] y amigos, 187-188
Petición para unirse al grupo, 102
plug-ins, 173
portfolio, 135
Preferencias restauradas, 78
Pregunta de seguridad, 33
Preguntar, 205
Presupuesto, 169
Privacidad, 33, 50, 62, 189-193
    Aplicaciones, 191
    Búsqueda, 189
    en Facebook, 181-182, 184, 194
    y seguridad, 194
Privado, 72, 102
Profesionalidad, 142
Programas de televisión favoritos, 26
Promoción, 28
Propiedades, 86, 147
Próximos eventos, 114
Prueba el cargador simple, 149
Publicar
    elementos en su perfil, 154
    esta página, 163
    un anuncio, 121
        en Mercado, 132
    un vínculo, 106, 155
Publicidad, 162, 170
    en Facebook, 159-160, 162, 170
    pagada, 130

R

Recibir
    correo electrónico, 66
    mensajes, 65
Red, 100
Redactar
    mensajes, 65
        nuevos, 63
    un mensaje, 63
Redes de contactos, 138
Regalos, 72-73
Registrarse en Facebook, 17-18, 20, 22, 32
Religión, 24
Remover de lista, 57
Reorganizar imágenes, 151
Reportar grupo, 103
Responder
    a las solicitudes de amistad, 51
    a un anuncio, 126
    a un mensaje publicado en un muro, 71
Restaurante, 162
Restringir el acceso a
    sus notas, 90
    un álbum, 152
Revisar anuncio, 169

S

scripts, 3
Seguridad, 143
Seleccionar
    varios amigos, 56
    como foto de perfil, 31
Sexo, 19, 24

Sindicación, 91, 94, 146
Solicitar invitación, 110
Solicitudes, 52
    de amigos, 54
spam, 58, 65
spammers, 182, 184
Su página de inicio, 13
Su perfil, 13
Subir
    fotografías y fragmentos de vídeo, 196
    imagen, 116
    una foto, 163, 167
    una imagen o un vídeo, 201
Suscribirse
    a fuente, 85
    a canal, 146
    a las actualizaciones, 83
    a las notas de conocidos, 84
    a los materiales publicados, 196
    a notificaciones, 84
    al material publicado, 83

T

Tarjetas de crédito, 33
Teléfono
    fijo, 26
    móvil, 25-26
Tipo
    de evento, 110
    de grupo, 103
    de trabajo, 132
Tipos de
    actualizaciones, 76
    historias, 77

Todos mis amigos, 54-56, 83
Tu correo electrónico, 19
Tu mensaje, 177
Tus notificaciones, 84

U

Ubicación, 148
Unirse
    a esta red, 39
    a este grupo, 102
    a un grupo, 102
    a una red, 37
Universidad, 28
URL de la Web, 89
Usar
    aplicaciones, 176
    Facebook Móvil, 199
    los grupos comunes de Facebook, 131
Uso de Mercado, 136
Usuarios más activos, 174

V

Ventana Elegir archivo, 29
Video, 202
Vista previa, 88
Viviendas, 126
Volver a páginas, 163

Z

Zombies, 135